열 번째 시집

도정법, 盜政法

이석락

청옥

시인의 말

세상에서 가장 어진 나라라고 떠들며
중국을 세상 중심이라고 떠받들고
서양을 오랑캐라고 비아냥대면서도
서양의 인권과 평등을 따라가지 못하는 나라
소방관이 진화하다 다쳐도 보상이 없는데
국민이 알고도 말하지 않는 나라
구조용 헬기를 소음 민원으로 퇴치하고
긴급 환자 헬기 수송을 미군에 의지하는 나라
전사한 군인에게는 받으나 마나 한 보상뿐이고
당파 싸움에 필요한 사상자는 수억씩 받는 나라
보육시설도 발전소도 군용기지도 치워라 하면서
관청과 무공해 산업은 내 마을로
놀라운 님비 임비* 나라, 많이 생각해야 할 나라

꼬부랑 골목, 비껴가기 어려운 길 몇 개 트집 잡아
도시 정비한다고
모양새 갖춘 법령을 만들어 공익사업이라 한다
평생의 땀방울들을 시세의 반도 안 되고
그 땅에 새로 짓는 아파트의 1/3도 안 되는 돈을 흔들며
가진 자에게 평생 냉대와 착취를 당해도
힘이 없어 정직하게만 살아야 했던 사람에게

포근한 보금자리를 빼앗고 가시방석 셋방으로 몰아낸다

그 땅에 지은 집들이 서른 층이나 올라가며
층마다 집값이 보상액보다 네 배 이상이나 되는데
그 사업에 돈 번 사람이 없어서
원주민을 거지로 내몰았느냐

가진 자에게는 불결한 동네이고
선진국 사람에게 창피한 풍경이라면
성실하게 살 수밖에 없었던 가엾은 이웃에게
비슷한 곳으로 옮길 땅값이나 주어야지
수많은 가난한 사람의 집을 빼앗아
집 주인 외에 다른 사람에게만 이익 되는데도
공익사업 옷을 입혀 다수를 위한 소수의 희생이란다
멍청이들아
재벌 몇 사람만 거지로 내몰아
전 국민이 이익 되는 사업을 하면 그것도 공익사업
말 그대로 극소수가 무한 다수를 위한 진정한 희생이 아닌가

가난한 자의 재산을 강탈할 때는 소유권제한이론
부자에게 세금이라도 올리려면 소유권절대원칙
공산주의 국유화 이론보다 더 흉악한 자본주의 부자들
가난한 자를 강탈하려고 소유권남용제한원칙을
엉뚱하게 붙들어 맨다

이웃은 자기가 당한 일이 아니라고
재개발된 거리가 자기에게는 좋다고
그 흔한 촛불 한 번 흔들지 않는다
지금 당한 사람들이 승산 없는 투쟁을 하는 것은.
법령 효력 발생 시한 때문에 자기는 구제될 수 없음을 알면서
다음 사람을 위하여 법 개정을 촉구하는 것임을
팔짱 끼고 구경하는 이웃은 모른다
지금 싸우는 사람들이 이웃인 자기들을 위해 싸우는 것임을
이웃 사람들이 정말 모른다

관행적인 부조리는 지금 당한 이웃의 눈물로만 그치지
않는다
그대로 두었다가 내일 내게 덮칠 때는
밀려오는 것을 보고도 도망가지 못하는 쓰나미요
폼페이를 노리던 베수비오 화산이다
부정이 가장 적었던 대통령에게 촛불을 든 것은
전임 대통령들과의 형평을 떠나 더 맑은 내일을 위한
준비였다
입법 사법 행정이 온 국민의 묵인 아래 저지르는
크고 추악하고 조직적인 만행에 촛불을 들어라
잘못에 눈감는 자기 양심에 촛불을 들어라.

* Not In My Backyard. Yes, In My Backyard.

2017. 12.

차례

제1부 도정법, 盜政法

재개발 모래시계 — 14
신은 원래 악마였다 — 17
도시 재개발 완료 분석 — 19
비상대책위원회 저항 지침 — 20
잡혀가야 진정한 전사다 — 22
재개발 범죄 제1혐의자 정부 — 24
재개발 범죄 제2혐의자 사회 — 27
재개발 범죄 제3혐의자 조합 — 29
원주민을 몰아내는 도시 재개발 — 30
도시 및 주거환경 정비법 — 32
새벽 골목 — 34
재개발촌 풍경 — 35
빈집 — 37
철거 마을 — 39
재개발 프락치 fraktsiya — 41
재개발 민원단체 와해 — 42
재개발 이현령비현령 耳懸鈴鼻懸鈴 — 45
비상대책위원회 아침맞이 — 46
재개발 서민의 앞날 — 48
재개발 비대위 시위자의 꿈 — 50
1%가 하는 통곡 — 52
재개발 환경 정비 — 54
하늘의 재개발 재판 — 55

다수를 위한 소수의 희생이 무엇인지 아느냐 1 ——— 57
다수를 위한 소수의 희생이 무엇인지 아느냐 2 ——— 60
천사의 법을 사악하게 ————————————— 63
감독하지 않는 감독관청 ————————————— 64
주객전도 ——————————————————— 66
노예들 ——————————————————— 67
노예들 드디어 주인을 알아보다 ——————————— 68
그러니까 개새끼지 ————————————— 70
가장 위에 있는 것 ——————————————— 71

제2부 저항

비상대책위원회 ——————————————— 74
재개발조합 설명회 무산 ————————————— 75
재개발조합 총회 반대 시위 ———————————— 76
재개발조합 해산요구 시위 ———————————— 77
재개발지구 동네 시위 1 ————————————— 78
재개발지구 동네 시위 2 ————————————— 80
동래구청 집회 ——————————————— 81
시청 광장 집회 1 ——————————————— 83
시청 광장 집회 2 ——————————————— 84
시청 광장 집회 3 ——————————————— 85
시청 광장 집회 4 ——————————————— 86
시청 광장 집회 5 ——————————————— 88
시청 광장 집회 6 ——————————————— 89

시청 광장 집회 7 —————————— 90
시청 광장 집회 8 —————————— 91
시청 광장 집회 9 —————————— 92
시청 광장 집회 10 ————————— 93
시청 광장 집회 11 ————————— 94
시청 광장 집회 12 ————————— 95
시청 광장 집회 13 ————————— 96
시청 공연장 집회 ————————— 97
삼성 부산지사 집회 ———————— 98
삼성 본사 집회에서 돌아오는 길 ——— 99
재개발조합 항의 방문 ——————— 101
시청 주차광장 집회 1 ——————— 103
시청 주차광장 집회 2 ——————— 105
시청 주차광장 집회 3 ——————— 106
시청 주차광장 집회 4 ——————— 107
시청 주차광장 집회 5 ——————— 108
시청 주차광장 집회 6 ——————— 109
시청 집회 200일 청산 ——————— 111
부산은행 본점 집회 ———————— 112
사상구청 집회 —————————— 113
부산검찰청 집회 1 ————————— 115
부산검찰청 집회 2 ————————— 116
금정구청 집회 —————————— 117
사하구 국회의원 사무실 방문 ———— 119

여당 부산시당 집회 1 ──────── 120
여당 부산시당 집회 2 ──────── 121
여당 부산시당 집회 3 ──────── 122
연제구 더민주당 국회의원 사무실 ──── 123
청와대 도로 집회 ─────────── 124
대한민국 주민소환법 ───────── 126
국회의원 부산시 국정감사장 시위 1 ─── 128
국회의원 부산시 국정감사장 시위 2 ─── 130
국회의원 부산시 국정감사장 시위 3 ─── 132
국회의원 부산시 국정감사장 시위 4 ─── 133
피켓 ──────────────── 134

제3부 유관 관청

입법 목적을 성과 수단으로 삼는 행정 ─── 136
재개발지역 이주대책 민원 1 ────── 137
재개발지역 이주대책 민원 2 ────── 138
재개발사업변경 정보 공개 민원 1 ──── 139
재개발사업변경 정보 공개 민원 2 ──── 141
재개발사업변경 정보 공개 민원 3 ──── 143
재개발사업변경 정보 공개 민원 4 ──── 144
재개발사업변경 정보 공개 민원 5 ──── 145
재개발사업변경 정보 공개 민원 6 ──── 146
재개발사업변경 정보 공개 민원 7 ──── 148
수용토지 평가 1 ─────────── 149

수용토지 평가 2 —————————————— 151
수용토지 평가 3 —————————————— 152
수용토지 평가 4 —————————————— 153
명도소송 피소 1 —————————————— 154
명도소송 피소 2 —————————————— 155
명도소송 피소 3 —————————————— 157
명도소송 피소 4 —————————————— 158
명도소송 피소 5 —————————————— 159
명도소송 피소 6 —————————————— 160
명도소송 피소 7 —————————————— 161
명도처분 집행정지 소송 1 ———————————— 163
명도처분 집행정지 소송 2 ———————————— 165
손해배상청구 소송 피소 ————————————— 166
증액소송 —————————————————— 167
누나야 미안해 ————————————————— 168
알 수 없어요 ————————————————— 170
아들아 너를 지켜주마 —————————————— 172
어리마리 민주주의 ——————————————— 174

제4부 재개발 조합

재개발조합 1 —————————————————— 176
재개발조합 2 —————————————————— 177
재개발조합 3 —————————————————— 178
재개발조합 4 —————————————————— 179

재개발조합 5 ——————— 180
재개발조합 6 ——————— 181
재개발조합 7 ——————— 182
재개발조합 8 ——————— 184
재개발조합 9 ——————— 185
재개발조합의 믿음 ——————— 187
철거 작업 1 ——————— 188
철거 작업 2 ——————— 190
철거 작업 3 ——————— 191
철거 작업 4 ——————— 192
철거 작업 5 ——————— 193
철거 작업 6 ——————— 194
철거 작업 7 ——————— 195
벽보 사건 1 ——————— 196
벽보 사건 2 ——————— 197
이주촉진관리센터 1 ——————— 199
이주촉진관리센터 2 ——————— 200
이주촉진관리센터 3 ——————— 201
이주촉진관리센터 4 ——————— 202
이주촉진관리센터 5 ——————— 203
이주촉진관리센터 6 ——————— 204
이주촉진관리센터 7 ——————— 205
이주촉진관리센터 8 ——————— 206
이주촉진관리센터 9 ——————— 208

제5부 민심

- 분노 — 210
- 알박기로 내모는 여기자 왜 그랬을까 — 211
- 언론 보도 1 — 213
- 언론 보도 2 — 214
- 언론 보도 3 — 216

제6부 철거민 군상

- 핑계는 생계 수단 — 220
- 바람 한 차례에 낙엽이 우수수 — 222
- 군상 1 — 223
- 군상 2 — 224
- 군상 3 — 225
- 군상 4 — 226
- 군상 5 — 227
- 군상 6 — 228
- 군상 7 — 229
- 군상 8 — 230
- 군상 9 — 231
- 군상 10 — 232
- 군상 11 — 233
- 군상 12 — 234
- 경계 밖 하소연 1 — 235
- 경계 밖 하소연 2 — 236

제1부
도정법, 盜政法

재개발 모래시계

1

마지막 모래가 떨어지면
양의 목에 사자의 이빨이 꽂힌다
사자가 물러가면 뼈다귀라도 씹으려고
몰려든 하이에나 떼
원을 그리며 제 차례를 노리는 독수리
떨어진 살점이라도 물고 가려는 개미들
하나의 슬픈 영혼에 달려드는
번득이는 탐욕들

세상 어디에 자비가 보이느냐
사방 모두 양의 최후를 기다린다
모래시계 모래는 흘러내리고
양에게는 눈물 흘릴 여유도 없다
하늘도 땅도 술잔을 높이 들고
양의 최후를 재촉한다.

2

모래는 쉬지 않고 빠져 내린다
떨어지는 모래만큼
빈집들이 뜯기고
잘못된 강제수용 명도소송 강제철거
절차에 따라 원주민의 손발은 굳어져
드디어 눈만 뜨고 매를 맞는다

모래시계가 끝날 때 집 뺏기고 쫓겨날 사람들
집값도 전세도 가파르게 오르고
현금청산액은 알 수 없어
흘러내리는 모래를 빤히 보면서도
아무것도 할 수 없다

세상에 억울한 일이
노예전쟁에만 있는 것이 아님을
나라가 앞장서서 보여준다
없는 자의 집을 빼앗아

있는 자는 투기를 하고
나라는 공짜로 환경정비를 하니
만나면 웃어주던 가난한 이웃도
죽어가는 친구를 못 본 체
제 작은 이익에 손뼉 치고 나선다
정의도 자비도 어디로 갔는가
시인의 시는
뺏기는 자의 가슴에만 울려퍼지다가
깊은 어둠 속 옹알이로 사라진다.

신은 원래 악마였다

삽차 손이 허공에 떠서
지붕을 누른다
벽을 허물어도 의연하던 지붕이 폭삭 내려앉아
발비* 뚫은 먼지가 연기처럼 솟아오른다
앞으로도 100년 이상 건장할 집은
건축 쓰레기로 널브러지고 바람비* 따라 퍼진
찌든 콘크리트 냄새
하늘이 매캐하다

법원의 철거중지 명령도 용산사태도 무시하고
조폭을 사들여 거주자를 몰아낸다는 신고를 받고도
조사조차 않는다고 항의한 경찰청 앞 농성도 흐지부지
주민은 제도의 허점을 알아내는 리트머스litmus일 뿐
리트머스 결과는 반영되지 않는다
잠 안 자며 굶어가며 장만하여 자식 키워낸 집
그 집에서 자는 듯 가고 싶다던 사람은
지하도로 간다더니 황천으로 갔나

주인의 눈 밖에 나지 않으려고
무너뜨린 벽을 다시 짓누르고
허공에 뜬 문패조차 뭉개는 삽차도
철근에 긁힌 손목이 저리고 손가락마다 피가 흐른다
3원 주고 빼앗아 17원에 찾아가라는
도시 및 주거환경정비법은 약육강식 신의 꾀
일시적 경기부양에 세수稅收 확보
눈 뒤집힌 관청이
환경개선 깃발로 가난한 토착 서민 몰아내고
건설업자 투기꾼 불러모아 잔치를 한다
약한 자를 도우려던 삽차도
힘센 자의 욕심은 신이 내린 힘이라
용서를 빌면서 폭행을 서두른다.

* 발비: 빗발이 보이도록 굵게 내리는 비.
* 바람비: 바람이 불면서 내리는 비.

도시 재개발 완료 분석

원주민의 손해   100

영속적 재산세 수입   30
일시적 취득세 소득세 수입   5
환경정비비 불발생 관청 이익   5
건설업자 수입   30
로비꾼의 수입   10
투기꾼의 이익   10
밝혀지지 않은 원주민 손해   10

감사 의견
부의 재분배 실패, 빈익빈 부익부 심화로 민심 이반
都整法도정법은 盜政法도정법의 오기誤記인데
사람들은 도적법盜賊法으로 오해하고 있음
사탄Satan이 보낸 악령惡靈은
도정법 제정을 모의한 재벌인가
도정법 제정 핑계를 만들어 준 학자인가
결함을 알고도 도정법을 제정한 자인가
편법을 묵인하고 진행을 집행한 자인가
헌법정신 팽개치고 문리해석만으로 집행을 추인한 자인가.

비상대책위원회 저항 지침

약한 것이 강한 것이다
바람 맞으면 잠시 구부리는 풀처럼

철거 회사 조폭이 욕설을 해도 참아라
청년들이 장가들고 먹고살려는 직업이다
그들도 따뜻한 피를 가지고 있다
물은 다듬어 놓은 도랑 따라 흐를 뿐이다

담당 공무원도 형사도 원수로 보지 마라
잘못인 줄 알면서도 가족의 생계가 걸려
형제가 당해도 도와줄 수 없었던 사람이다

내게서 재개발 이야기를 들은 적 없는 내 친구를
조합이 찾아서 보내더라도 침착하여라
나를 회유하려고 내 개인 정보를 조사하여
내 친구를 찾아 나를 공략하는 것이다

조합 사람이 화를 돋우어도 온순하게 피하여라
하찮은 언행까지 채증했다가 고소 자료로 쓰려고

내가 이성을 잃도록 유도하는 것이다
재개발 사업과는 관련이 없는 일까지
다른 사람을 종용하여 고소 고발한다

어디에서든 과격행위를 하지 마라
여론의 보호를 받을 수 있는 저항만 하여라
우리의 저항이 재개발 사업을 늦추기 때문에
모든 관청은
항상 우리를 감시한다.

잡혀가야 진정한 전사다

조합에서는 시위 현장에 정보원을 보낸다
시위 사진을 찍어 고소에 쓸 목적이다
경찰도 사진을 찍어댄다
잡아가려는 목적이다
조합에 대적하고 경찰에 대항하려고
비대위에서도 사진을 찍는다

사하구청에서 집회를 저지하는 구청 직원이
할머니를 밀어냈고
밀고 쓰러지는 과정을 찍어 인터넷에 올렸다
구청 직원은 그 내용을 보고
무고죄와 인격 침해로 고소했다
난생처음 가슴이 철렁 내려앉는
경찰서 출두 요구서를 받은 문 팀장
아무 역할도 못 하는 것 같아
수없이 불려다닌 회장과 총무에게 미안했는데
나도 드디어 유효 투쟁을 해냈구나

비대위와 관련 없는 일이라도
비대위 활동을 쭈그려트리려고
비대위 회원의 재채기에도 고소한다
피고소인은 집회 신고자였기에 무고로 결정 났다

재개발 범죄 제1혐의자 정부

재개발 변명은 아주 그럴듯하고
재개발 추진은 아주 엉터리라는 시민의 말
설명해 보아야 듣는 사람도 어리벙벙하고
설명하는 사람도 말할수록 답답하니
일본의 정신대 차출 수법으로 생각하라 한다
강제로 잡아갈 때는 공장에 취직시킨다 해놓고
총칼로 일본군이 며칠간 윤간하여 자포자기한 처녀들을
최전방 전선에 강제로 배치한 일본군
위안부가 매춘부를 자청했다고 잡아떼는 일본 정부

재개발 수익이 있는 지역에는
조작한 조사서를 근거로 정비구역을 선포하고
주민이 스스로 결정하고 집행한다는 법령 아래
부정 이익을 보고 달려드는 주민에게 조합을 만들게 한다
정부는 도로, 공원, 상하수도, 통신, 전기, 가스 등
개인 재산으로 사회기본시설을 건설하고
소득세, 취득세, 재산세, 주민세를 영속적으로 더 거두려고
조합과 건설사의 비리와 인권침해를 음지에서 지원한다

그렇지 않다면
왜
원주민들이 제 땅에 짓는 아파트에 못 들어가고
보상금으로는 제 땅 변두리 전셋집 이사도 어려운데
감독기관인 관청이 그냥 둘까

조합설립을 유도할 때와 주민을 내쫓을 때는 공익사업
대체 거주 공간을 달라고 할 때는 조합이 하는 민사문제
조합운영을 감독해 달라고 하면 주민 자치문제
주요한 고비마다 돌이킬 수 없게 될 때까지 눈감았다가
법대로 한다고 법정신과는 정반대되는 결과를 도출한다
걱정 없이 살던 집을 뺏고 터무니없는 감정가격으로
변두리로 쫓아내는 일은 공산주의도 못 하는 일이다

돈놀이꾼이 몰려들 만한 곳은
재개발 여건을 조작하여 모두 정비구역으로 정했다
건물의 안전진단도 집주인이나 안전기관의 진단 없이
100년을 수명으로 보는 콘크리트 건물을
준공 20년 되면 노후 시설로 분류하고

불량한 통행로 기준도 범위를 넓게 잡아
근접성 곤란 도로율을 높인다
철거 전 항공 사진으로도 판별이 되는데
조사하면 다 나오는데 아무도 조사하지 않는다
환경상태 개선이 정말 시급하지만 투기꾼 눈밖에 있어서
정부가 예산 지원해야 할 변두리는 모두 빠졌다

건설업자와 철거업자의 부풀린 공사비를 주고도
이익을 남기려면 아파트값을 올리는 일
집값은 물가상승의 견인차 고물가는 생계비 압박
청년은 평생 못 구할 집, 아내를 포기하고
부부는 감당 못 할 교육비, 자식을 포기한다.

재개발 범죄 제2혐의자 사회

유럽의 주거환경과 비교하여
우리의 주민생활을 향상하는 노력은
정부가 할 일임이 분명하다
국가재정만으로 재개발 사업을 시작하기에는
막대한 예산과 국민의 인내가 필요하여
국민의 사전 동의가 필요하다
정부가 이 큰 사업을 예고하자
재벌은 앞장서서 돕기 시작했다
학계의 논문을 유도하고
정치인과 관료를 끌어들여
두고두고 우려먹을 사업을 성공시켰다

재개발 실현 방법에는 이견이 많아
재개발 맞춤형 공청회를 열었으니
신중파 논문은 배척되고
재벌에게 유리한 법령이 제정되고
실천이 쉽도록 시행규칙이 제정되었다

무리한 실행에 인권도 인격권도 유린되고
자본주의 경제 핵심인 소유권 절대 원칙을
어처구니없이 소유권제한이론으로 얽어맸다
피해자가 구제요청을 하면
다수결원칙 사안이 아닌데도 다수결원칙을 둘러대고
다수를 위하여 소수가 희생하라고 윽박질러
공업사업이니까 어떤 일이 있어도 그냥 밀어붙이라 하고
법원은 힘 있는 자가 내민 증거로만 판결한다
시민은 제가 직접 당한 것이 아니니 묵묵부답
기본권보호나 법이념 실현 노력은 어디에도 없다

재개발 범죄 제3혐의자 조합

집값은 받아가고 사업에 필요한 분담금을 내라 하는데
집값과 분담금 계산에서 모든 부정과 비리가 태어난다
정부가 조정한 집값도 시세의 절반이 안 되고
조합이 정한 분담금은 시세보다 높게 상승을 거듭하여
내 땅에 짓는 새집에 들어갈 수 없다
보상금에 대출금을 보태서 전셋집을 구하든지
개발가치가 없어 버려둔 시골로나 가야 한다

내 땅에 서른 층이나 쌓아올리면서
내 땅 평수의 집 한 칸 못 준다면
내 땅 한 평 값의 백 배나 되는 분양금은
누가 다 먹었나?

원주민을 몰아내는 도시 재개발

잘 정비된 도로 중에 얼마 있는
한 사람 겨우 지나가는 골목
하수구를 덮어 승용차 한 대 겨우 지나가는 골목
열 평에서 수십 평짜리 빈집이 늘어도
결사반대 깃발만 펄럭이는 집도 있다
주거환경 개선하고 세수稅收를 확보하려는 관청
일거리 찾아 종업원에게 나누어 주겠다는 건설업
법에 기대어 돈벼락 맞으려는 사람들

70평생 은신처로 마련한 집은 시세의 반값도 안 쳐주면서
신축 아파트에 비싼 값을 매겨 원주민 입주를 봉쇄하고
턱없이 높은 이주비를 미끼로 세입자를 내쫓아
전세금 반환 압박과 월세 수입 상실로 집주인 목을 조르고
100세 시대 고생 앞두고 겨우 붙든 단칸집도 부순다
절차를 어긴 명도소송으로 집주인을 압박하면서
공익사업이라고 관청과 손잡고 으름장을 놓는다

혐오사업 보신탕집은 먹고살려는 몸부림이지만
경제를 살리고 이웃에 봉사하는데

공익사업 재개발은 공산주의 토지몰수가 아니라고 으스대며
대추나무에 엉킨 연줄 같은 뇌물거래로 살찐 배를 내밀고
이미 도를 넘은 부익부 빈익빈 골을 더 깊게 판다.

도시 및 주거환경 정비법

스테인리스 대문을 열고 붉은 벽돌집에 들어가던
젊은 아낙의 빠알간 원피스가 가물거려도
현관문은 뜯겨 나가고 깨진 유리조각만 어지럽다
알루미늄 창틀은 재개발조합에서 뜯어 갔지만
방범 때문에 대문을 잠가두니
담장 안에 적막만 오도카니 갇혔다

아침마다 가득하던 안방의 장미 향기는
열어젖힌 창으로 빠져나가도
아기들의 온기가 남아 있으려나
담장 너머를 기웃거린다
붉은 벽돌 벽만큼 우아하던 아낙은
도심 지하철 역세권의 제집을 내주고
어처구니없는 보상금으로
어느 곳에서 식당 접시나 닦는지
대책 없이 명도소송을 기다리는 이웃에게
귀띔도 없다
법률만큼만 주겠다는 땅값은
환지대금이나 아파트값의 삼분지 일도 되지 못하여

도심의 오두막 보상금액으로 두메 오두막은 구하더라도
영농 기술도 노동력도 없는 늙은이들이
깊은 시름만 들이마신다.

새벽 골목

띄엄띄엄 온전한 집들도
창틀이 뜯긴 채 나란히 선 집을 닮아
새벽까지 기척이 없다
일터로 나갈 젊은이가 없는 집들에
내 집 팔아 전셋집으로 갈 노인들의
비에 젖은 걱정이 새벽바람에 펄럭인다

물가物價 상승은 멈추지 않아
전셋집 들었다가 월세로 바꾸고
월세조차 감당하지 못하면
북한 판 고난의 행군이 시작된다
쓰레기통 뒤지다가 길바닥에 얼어 죽을 두려움
잠 못 이루고 나서는 새벽길
밤새 무료했던 가로등이
집 나선 노인을 소품小品으로 그림자놀이를 한다.

재개발촌 풍경

며느리가 시집올 때 우람했던 집은
뜯겨나간 창을 감추지 못하고 빈집으로 서 있다
쫓겨가듯 비워준 집이 아직 그대로 있는지
할머니는 가끔 와서
할아버지가 생전에 달았던
잠긴 대문을 힘없이 쓰다듬는다
아들도 한 번씩 늦은 밤 다녀갔는데
초여름 오후 며느리가 척후병처럼 나타났다
뜯긴 창에 머리를 들이미니 개수대는 바닥에 너부러졌고
가스레인지와 한몸이 된 며느리의 손때는 먼지를 뒤집어쓰고
전등 잘라낸 천장에는 재개발조합장의 비웃음이 대롱거린다

삽차 소리만 나도 떠는 집이나 며느리의 애처로운 눈빛에
반 토막 낸 집값 흥정에 버티다가 부러진 원한도
'도시 및 주거환경 정비법'이 쓸고 간 뒤에는
봄눈처럼 사라질 거라고 말하고 싶겠지
이루지 못한 것도 이룬 것도
가시로 박히거나 햇살로 남지 않았다지만
쌓인 한숨이 해마다 오는 태풍임을 감추고 싶은가

평생 지은 집을 지키려고 길을 묻는 며느리에게
군데군데 찢긴 집은 눈물만 흘리고
어디로 가는지도 모르는 길이
모습을 감춘 채 마중 와 있다.

빈집

하얀 벽, 슬래브 지붕
백악관 닮았다고 부러움을 사더니
아래층 위층 창은
고철상 망치 소리에 뻥뻥 뚫려
황사도 막지 못하고 안방의 훈기도 지키지 못한다
봄볕은 그래도 날마다 찾아와
뜰에는 잡초가 잔디보다 크다
철 대문 닫힌 지는 반년이 지났고
새시 뜯기고 남은 유리 조각들은
쫓겨난 주인의 한을 품었는지
방에서도 마당에서도 뾰족이 날을 세우고
누구 하나 걸려들기만 해라
성난 눈알을 되는대로 부라린다
사람 떠나자 길고양이도 오지 않고
도정법에 집 빼앗긴 주인은*
재개발 보상비로는 이만한 전셋집도 못 얻었을 텐데
어느 산골 폐가로 밀려갔는지
어느 쪽방 골목에 숨어들었는지
인자하던 주인에게 안부도 전하지 못하는 자목련

내일 뽑힐지 모레 뽑힐지 밤새 저승을 헤매다가
거슴츠레 앉은 파초를 내려다본다.

* '도시 및 주거환경 정비법'에 따른 보상가격이 시가의 절반도 되지 못했다.

철거 마을

가랑비도 주춤거리는 골목에 보안등만 밤새우고
대문이나 벽에는 붉은 동그라미 빈집 표시
희미한 유리창 불빛이 사람 훈기일까 다가서면
낮 동안 심심했던 유리창이
맞은편 벽이 튕겨낸 반사광을 되받아치는 중이다
집들은 숨도 쉬지 못하고 개미 한 마리 없다
재개발 선동에 앞장섰던 사람도
시가의 절반도 못 되는 보상가격에 넋을 놓았다가
조합해산 시 손해를 부담한다는 말에 실신했다
프리미엄 붙어서 본전은 찾을 거라는 선동에 또 속아
딱지*를 넘기려고 입주 신청하였으나
청춘을 바친 이곳의 미련은
보리타작 뒤 온몸에 숨어든 까끄라기처럼 붙어 있다
첫새벽 아파트처럼 캄캄한 동네에
굽은 골목을 지켜주는 방범등도
자기들이 뜯길 날은 언제일까 술렁거린다
도심 땅 뺏기고 법 앞에 숨통 막힌 집 주인은
낮이면 변두리 전셋집이라도 얻으려나
발품 끝에 한숨만 얻고

밤이면 어느 두메로 흘러가면 살 수 있을지
인터넷 창을 열고 하소연한다.

* 딱지: 재개발 지역의 현지인들에게 주는 아파트 입주권을 속되게 이르는 말.

재개발 프락치 fraktsiya

매수당한 핵심요인이
그럴듯하게 일을 벌여놓고
보면 볼수록 죽을 둥 살 둥 몸을 던집니다

적에게 치명타가 될 일을
요리조리 피하는 짓은 자세히 보아야 보입니다
적과의 싸움에 승산이 있는 일에는
개인감정까지 내세워 반대하다가
타당성 검토, 중론 취합, 회의, 계획, 온갖 절차규정을
오뉴월 엿가락보다 길게 잡아 기회를 놓칩니다

적을 겨눈 총에는 방아쇠를 뽑아버리고
창이라도 들자는 자에 맞서
내분을 조장한다고 여론을 만듭니다

기밀도 넘겨주고 적이 부탁한 일만 하더니
전쟁 끝나고 성공사례금을 주지 않자
적과 밀통한 계약서를 들고 소송을 냈으나
프락치 짓이 신의성실의무 위반, 배임행위에
부당이득이라고 패소한 판례도 있습니다.

재개발 민원단체 와해

1. 정예병精銳兵관청과 조합

권력에 의지할 것
여론을 몰아갈 것
수단 방법을 다 동원할 것

돈 안 들이고 되는 일 있느냐
뇌물
폭력, 협박
회유
선동, 기만

돈 쓸 곳도 가르쳐 주랴
관청, 공중기관, 언론
폭력배
선동꾼
프락치
현금청산자
현금청산자 우군

소반만 한 361점 바둑판에 세상 이치 다 있고
손바닥만 한 재개발 사업장에 세상 비리 다 있다.

2. 오합지졸烏合之卒 원주민

이자 돈에 쫓겨 몇 마디 투정 뒤에
손절매도 받아들인다

자본과 권력에는 당할 수 없으니
주는 대로 받고 원한을 품은 채 사라진다

가만히 있어도 싸운 자의 소득만큼 돌아오니
중간쯤 서성이다가 주는 대로 받는다

동료를 팔아 이익을 챙기려고
프락치, 배신, 기만, 공갈 모두 동원한다

정당한 권리를 주장하여 내 몫을 달라고
죽어도 찍소리를 내지른다

정의를 되살리는 불씨가 되려고
작은 날갯짓이라도 파닥이고 죽는다

정의와 순리를 아무리 외쳐대도
관권과 금권은 갈수록 파죽지세破竹之勢
쫓겨나는 가난한 몇 사람의 파멸이 가져다줄
작은 이익에 손뼉 치는 대중은
배고픈 소크라테스가 아니라 배부른 돼지
원주민끼리도 속내를 감추어
믿을 곳도 물어볼 곳도 없고
헐다 남은 마을은 원전原電사고 유령이 떠도는 폐촌.

재개발 이현령비현령 耳懸鈴鼻懸鈴

할 수 있다, 아니할 수 있다
정의구현을 위한 재량권
어느 쪽으로든 할 수 있을 때는
약한 자를 도우라고 하늘이 말했다

감정평가 예정을 미리 연락해야 함에 대하여
연락하지 않을 수도 있다는 하위 규정을 적용하고
소유주 허락하에 감정해야 함에 대하여
부득이하면 서류감정으로 대체할 수 있다 하고
재량권으로 강자의 폭행을 지원한다
강제수용에 반값도 못 받은 원주민의 목숨 건 농성에
관청이 3자 협상, 4자 협상 마련한 뒤
법 조항에 따라야 한다고 원주민의 요구는 모두 뭉개고
법률에도 없는 협상시도까지 해줬다고 민원 수용 기록만
부풀린다

아하, 그렇구나
평생 모은 재산 뺏기고 전세로 월세로 떠돌다가
지하도에서 쪽잠이나마 잘 수 있는 행복이
관청의 선정善政탓이구나.

비상대책위원회 아침맞이

황사가 숨통을 막고
송홧가루가 눈을 짓이겨도
시청 시위는 이어졌다

장마당 드센 여자도 아니지만
공익사업 깃발 모리배에게
전 재산을 뺏기는 일이 억울하여
아침마다 모여든다
잔 다르크Jeanned'Arc도 아니지만
나를 죽여 다른 사람들이라도 구해 내려고
밤이나 낮이나 온종일 땀을 흘린다

집회가 100일 지난 것도 두 달 전
관리들은 도정법*이 잘못되었으니 어쩔 수 없다는 말뿐
절차를 지키고 법정신을 따르면
악법에도 길이 있는데
입법 정신보다는 행정 성과에 매달린다

나약함을 추스르려고 '결사투쟁' 깃발 흔들며
이유 있는 말에는 잡아넣지 못하리라는
대한민국 최저 양심에 기대어
힘없는 자들이 고래고래 소리친다
정부도 국회도 언론도, 학계까지도
하나같이 재벌의 뇌물에 취했다고.

* 도정법: 도시 및 주거환경 정비법.

재개발 서민의 앞날

이익이 날 거라고 장담하지만 손해가 날 수도 있다고
조합 미녀 도우미가 말할 때부터 싹수없음을 알았다
42평 대지와 집을 받는 대신
그 땅에 지은 35평형 아파트 한 채를 주고
남은 이익금은 분배하여 주겠다더니
10년이 훌쩍 지난 지금 42평 땅과 집을 받고
그 땅에 지은 35평 아파트 분양가격의 1/3을 보상하겠단다
정부가 결정한 최저생계비의 반으로 연명하는 사람이
자기 땅에 지은 소형 아파트에도 들어갈 수 없다

도로를 확보하고 좋은 집을 짓는 환경 정비라고
원주민을 몰아낼 때는 공권력이 강제하는 공익사업
비슷한 대체지를 마련하도록 시세만큼 보상해 달라고
원주민이 하소연할 때는 당사자끼리 해결할 개인 사업

최대 수혜자는
환경을 정비하고
해마다 종전보다 수십 배나 세수를 얻는 정부
업종별 일시적 수혜자는 건설업과 금융업
개인 일시적 수혜자는 여윳돈을 가진 부자들

신축 아파트를 살 돈이 없으면 피*를 붙여 넘기라는 공무원
피를 붙여 받아도 변두리 전셋집을 기웃거려야 하는 서민.

* premium

재개발 비대위 시위자의 꿈

학교 시절에 상 한 번 못 탄 것이 한이 되어
개근상이라도 받으려는 학생처럼
날마다 모여든다

시청 주차광장
더불어민주당 부산시 당사
오늘은 집주인 내일은 세입자
죽기는 쉬워도 비키기는 어렵다
자격 없는 조합장 물러가라
용산사태 잊었느냐 시장은 각성하라

관청은 재개발조합 절차무시 눈감고
판사는 엉뚱한 법률조문만 읽어대고
언론은 이권 개입자 재벌의 눈치만 보고
민심은 남의 일이니 아무래도 괜찮아

집 한 채 보상금으로는
아파트 입주도 대체가옥 구입도 못 하고
사방이 천 길 바위 벽인데

내가 죽어서 이 법만은 고쳐야지
절벽에 계란 던지는 재개발 현금청산자
내가 이 법의 마지막 희생자가 되어야지
엄마 아빠 이 마음, 내 아들딸만은 알아주었으면….

1%가 하는 통곡

궤도를 이탈하여 질주한다
학계도 사법부도
입법부도 행정부도
재산 증식, 선거자금
눈앞이 급하여

죄의 중심은 어디에 있는가
이 나라 지도부는 썩어 문드러진 민중이 키웠다
평생 모아 겨우 얻은 집 한 칸을 뺏기고
월세방으로 내몰린 재개발 이주민의 통곡에
민중은 눈살만 찌푸린다

언론은
광고주를 잡으려고
그릇된 현실을 덮어주고
알박기라는 왜곡된 보도만 찍어낸다

세상인심은
내일에는 제 일이 될 1%의 시위를 남의 일이라고
허위보도만 진실인 양 믿는다

역사시대 이후 99%가
힘에 굴복하고 야차처럼 살았지만
사랑과 정의를 위한
살신성인殺身成仁 1%가 배달겨레를 지켜왔다
99%를 살리려고 죽음을 받아들인 1%.

재개발 환경 정비

여러 갈래 길 중에 몇 곳 뿐인
사람 하나 겨우 지나갈 도시 한복판의 꼬부랑 길
비좁고 뒤틀린 방이나 부엌
숨 쉴 공간 하나 없는 미로를 트집 잡아
그 속에서도 걱정 없이 천명天命을 기다리는 사람에게서
공익사업한다고 집을 빼앗는다

도시 및 주거환경정비법 따라가면
원주민은 시가의 절반도 되지 않는 보상을 받고
살던 인근 지역에도 갈 수 없다
가난을 견디려고 위로하며 살던 이웃들과 뿔뿔이 흩어져
인생 황혼 길에
집을 장만하려고 끼니를 거르던 젊은 날의 세입자로 돌아가
가파르게 치솟는 물가의 노예가 되는데
관청은 법에 따르라 한다

헌법의 취지를 잊지 않았다면
집을 빼앗는 결과 앞에서는 법의 집행을 멈추어야지
악법이라 하면서도 시행을 부추긴다
가난한 사람의 돈을 빼앗아 부자에게 주는 법은
국유화를 들먹이는 공산주의에도 없는 법이다.

하늘의 재개발 재판

도시 및 주거환경정비법령은 읽을수록 찬란하다
입법 취지도 눈부시고
정부의 공익사업 의지도 돋보이는데
실행 결과가 서민을 노숙자로 내모는 것은 웬일?
약자의 재산을 강탈하여 강자에게 모아주는 결과가 나와도
법이니 지켜야 한다고 국가와 사회가 기세등등

일한 만큼 보상받되 최소 보상은 의식주 해결 수준으로 했으면
게으름 피우는 자가 없을 것인데
공산주의가 능력껏 일하고 필요한 만큼 보상받는다고 하니
사람이 게으름 피우고도 필요 이상 요구하여
이것을 방지하는 정책이 빈부 격차, 인권 말살로 이끌었다

토지 소유자와 사업시행자가 협의하여
청산금을 산정하지 못하면
감정평가업자들의 평가를 산술평균한다고 꼬드겨 놓고
평가업자가 강자의 요구대로 평가하여
부자가 100원짜리를 10원짜리 한 장만으로 강탈한다
감정평가에 불만이면 준사법기관인 수용위원회가 층층이 있고

이것도 불만이면 사법기관이 층층이 지켜주고
청원제도에 위헌제청에 헌법소원까지 있다는데
토지 소유자의 의견은 번번이 들어주는 시늉만 하고
조합의 의견은 모두 들어준다
국유재산을 임대했다가 계약 만료 전에 회수할 때는
공산 정권에서도 더 좋은 대체지를 주는데
부자들의 약탈이 너무나 분명해도
대한민국 시민과 사법부는 알 수 없는 법령만 읽어댄다

공익을 위하여 소유권 남용을 제한하려면
소유자가 시가보다 몇 배나 많이 요구할 때에나 주장할 수 있다
공익을 위하여 소유권을 강탈해도 된다면
공익을 빙자한 다수결로 약자를 인육 시장에 팔 수 있다는 말?

정범은 행정부
종범은 사법부, 시민, 학계
교사범은 재벌
하수인은 재개발조합
독벌레들이 나대지 못하게 종신형을 선고한다 탕탕탕!

다수를 위한 소수의 희생이 무엇인지 아느냐 1

평생 결식과 시간 외 노동으로 마련한 오막살이 한 채
내 집이라고 뿌듯하게 아이 키워 내보내고
그 집에서 웃으며 저승사자 기다리는데
주거 환경 바꾸는 공익사업하겠다고
변두리 전셋집이나 찾아보아야 할 적은 돈으로
집을 빼앗는다
이것이 다수를 위한 소수의 희생 실천인가
이것이 공익을 위한 소유권 제한인가

다수를 위한 소수의 희생이란
고양이 목에 방울을 달 방법을 정할 때
다수 의견을 채택한다는 말이지
다수자가 소수자를 고양이에게 그냥 내몬다는 말이 아니다

소유권은 신도 간섭하지 못하는 절대권이다
소유권 제한은 소유권 남용이 공익을 해칠 때만 할 수 있다
개인 간에 다툴 때는 감히 남용이라는 평가도 하지 못한다
도정법 재개발조합은 어떤가

모든 국민에게 유익한 공익사업이라고
가난하게 살면서 겨우 장만한 집을 똥값으로 빼앗으면서
소수의 희생은 당연하다 하고
살던 곳과 비슷한 곳으로 옮길 만한 보상을 말하면
사적 문제라 한다

평생을 가난하게 살아온 것도 불쌍한데 늘그막에
단칸집까지 빼앗고
빼앗은 집으로 부자들이 잔치하고 축배를 하느라고
남은 고기에 쇠파리가 모여들고 넘친 술로 옹자물이 생겼다
가진 자가 불쌍한 자의 소유권을 강탈하여
주지육림을 벌이는 짓
가난한 자의 소유권 남용이 아니라
가진 자의 소유권 남용이다

얼빠진 시민들아
가난한 이웃의 단칸집을 빼앗아 부자들이 축배를 드는데
그래도 환경 정비로 네몸들의
눈도 허파도 호강하는 콩고물이라도 떨어지니 좋으냐

막연한 권리를 지키겠다고 그렇게도 촛불을 흔들어대더니
이웃의 인권과 생존권이 직접 무너지는데 왜 눈감느냐
한국인이 세계정신을 이끌 것이라는 정감록의 예견은
아직 멀었다는 말인가
사욕과 인기에만 영합하는 국민정신으로는
인류도 우주도 이끌 수 없다

다수를 위한 소수의 희생이 무엇인지 아느냐 2

공무원들이 도정법 시행 폐단을 위한 노력은 하지 않고
악법도 법이니 지켜야 한다고 옛 철학자의 말만 읊어대고
쫓겨나는 주민에게는 다수를 위한
소수의 당연한 희생이라 한다
하급 공무원이라면 아무리 100 대 1 경쟁을 이겨낸
인재라 하여도
채용 시험문제만 외우느라고 법의 의지를 모를 수도 있지만
고시를 통과한 공무원이라면
어떤 경우에 다수를 위하여 소수가 희생해야 하는지 알면서
쫓겨나는 주민을 현혹하려고 함부로 나불댔으니
용서할 수 없다
다수의 구경거리로 한 사람을 발가벗겨도 당연하다는 말인가
한 남자가 한 여자를 강간하면 범죄이고
뭇 남자들이 한 여자를 윤간하면 당연한 권리 행사란 말인가

여러 가지 중에서 선택할 때에
다수결에 따라 소수자가 양보한다는 말이지
기득권자의 권리를 박탈할 수 있다는 말이 아니다

공권력이 다수자로 가장하여 기득권자의 권리를 빼앗은
경우는 공산정권 수립 때뿐이었고
낙후한 경제를 살리려고 수정자본주의를 채택한 중국도
국민에게 빌려준 토지를 공익상 계약만료 전에
되돌려받을 때는
종전보다 좋은 조건의 땅으로 바꾸어준다

사적 소유권 절대를 신봉하는 자본주의가
공익을 빙자하여 소유권을 제한할 때는
소유권자가 터무니없는 조건으로 공적 사업을 방해하는 경우
공익을 위하여 소유권 남용을 억제하는 것이지
똥값으로 빼앗는 것이 아니다
손해가 필요하다면 당연히
소유자의 손해는 새로 끼어드는 자보다는 적어야 한다

도정법 재개발은 어떤가
평생을 가난 속에 모은 돈으로 장만한 집을 똥값으로 빼앗아
할 일이 돈놀이뿐인 부랑아들의 축제에 봉사한다

이 부랑아들의 이익 일부만 철거 주민에게 돌려줘도
철거민이 거리로 내몰리지 않고 비슷한 환경을 찾아
이사할 것이다

다수를 위한 소수의 희생을 말하는
멍청한 시민들아
사악한 관리들아
마음 좀 바로잡고 살아라.

천사의 법을 사악하게

철거 대상 주민의 요구를 접수하면
변명만 하고 들어주지 않는다
들어주면 사업 진척이 늦어지기 때문

재개발조합의 요구는 접수 즉시 들어준다
들어주어야 사업 진척이 빨라지기 때문

세상만사 다 그렇다고 구경꾼들은 장담한다
조합이 거대한 이익금으로
관청이고 언론이고 뇌물을 펑펑 썼으리라고

여론은 전한다
도정법의 의로운 시행을 담보하려고 시행령을 만들었는데
행정청 공무원은 실적 올리기 쪽으로 재량권을 행사하고
법원 판사는 받아먹은 장학금에 묶여서
헌법정신도 입법 취지도 던져버리고
화려한 법조문만 흔들며
재벌이 만족하는 판결만 내린다고
우리나라 사회정화는 피라미에게만 되어있고
윗선으로 갈수록 거대한 흙탕물이라고.

감독하지 않는 감독관청

도정법* 제77조 감독 조항이 있는데
현금청산자가 조합과 협의가 안 되어 조정을 부탁하면
감독관청은 사적 사안이라고 조합과 협의하라 한다
조합과 협의가 되는데 왜 들고 갔겠는가

제77조 제1항 감독관청은 이렇게도 완벽하다
국토교통부장관, 특별시장, 광역시장, 도지사, 시장·군수
처분의 취소·변경 또는 정지,
그 공사의 중지·변경, 임원의 개선 권고
그 밖의 필요한 조치를 취할 수 있다고 했으니
안 해도 된다고 주장한다

안 해도 되는 것을 왜, 왜, 왜
할 수 있다고 명문화했을까
시장도 구청장도 자기의 성과를 조합이 이루어주기에
헌법정신도 입법취지도 뭉개고
엉뚱한 변명을 한다

제77조 제3항
국토교통부장관은
분쟁의 조정, 위법사항의 시정요구 등
필요한 조치를 할 수 있다고 했다
국토교통부 장관은 왜 빠져나가는가
국토교통부장관도 안 해도 되는 일이기 때문인가?

* 도시 및 주거환경정비법.

주객전도

서울 간다고 손님을 태우고
부산으로 간다

손님이 잘못되었다 하니
엔진도 정상이고 브레이크도 정상이고
앞길도 탄탄하다고 한다

다 정상일수록 부산 도착만 앞당기는데
차를 세우면 기사도 해고 되고
운송업도 폐업해야 한단다

부산 가서 죽든 살든 그것은 손님 사정일 뿐
기사도 건강하고
날씨도 좋으니
안 가겠다고 불평하는 손님은 잡아들인단다.

노예들

대통령 명령이 적에게 유리한 것이면
일반 국민이라도 대통령을 소환해야 한다
대통령 명령이 반인권 명령이면
공무원이라도 거부해야 한다

입법 취지가 아무리 좋고 시행 과정이 그럴듯해도
결과가 나쁘면 실행을 중단해야 한다

어린이도 실천하는 이 원리를
행정청도 사법부도 왜 모를까
언론은 무리한 법 시행을 왜 부추길까
시민은 자기도 당할 일인데 왜 정부와 업자 편만 들까

건설업 재벌의 금력은 어디서 나온 것일까
재벌의 금력이 이 나라를 어디로 몰고 갈까
시민도 권력도 돈도 재벌도 누구의 노예일까?

노예들 드디어 주인을 알아보다

연어는 살 곳을 찾아 먼바다로 가고
노예는 살길 찾아 도시로 스며들었다

돈을 모으면 제 것이 되는 줄 알고
막노동과 노점 행상으로
먹지 않고 돈을 모았다
흙 묻은 손에 움켜쥔 돈으로는
자식에게 호의호식은커녕
살아남을 방법을 가르치기에도 빠듯했다

오곡백과가 씨를 거두는 가을에
자식들은 나래 펴고 떠나고
허접한 오두막에는 늙은 부부가
지나온 고통을 아름답게 속삭이며
하늘나라 가는 길을 바라보는데

추노推奴들이 재개발 태풍을 몰고와
시가의 1/3에도 못 미치는 보상액을 내밀며
내 집 등기 명의를 바꾼 서류를 흔들었다

내 땅에 서른 층 이상으로 쌓아올리는 아파트 평당 값이
내 땅 한 평의 세 배를 웃돌아 100배 이익을 얻겠단다

내 집 비슷한 시가라도 달라고 하면
알박기로 몰아세운다
끼니를 거르고 잠을 설치며 바둥대는 내 아이도
늘그막에 집도 빼앗기고 스스로 노예임을 알게 될 것인가

연어는 산란을 이루지 못하더라도
우주 섭리 따라 모천을 거슬러 오르고
노예는 자신에게는 헛된 일인 줄 알면서도
다음 노예들에게 나비효과Butterfly Effect라도 되려고
서울로 서울로 주인 찾아와 나래를 파닥인다.

그러니까 개새끼지

숨 막히는 좁은 미로와 피란민 판자촌 대신
넓고 반듯한 길에 볼품 있는 집과 휴식 공간
선진국 어느 시민이 와도 부러워하겠다

이 상큼한 공기, 있어 보이는 집들
내 허파와 눈을 즐겁게 하니
이웃의 재산을 공권력으로 빼앗았지만
나는 좋아

개인의 재산권과 인권을 빼앗아도
공익이라고 눈감았다가
어느 날에는 공권력이 나를 노예시장에 팔 것인데
지금은 남의 하소연을
내게 불편하다고 짜증 내고 비웃기만 한다

개 새끼는 사랑스러운 강아지
개새끼는 사가지 없는 사람
사가지는 인의예지仁義禮智
그러니까 개 새끼가 아닌 개새끼지.

가장 위에 있는 것

김정은의 말은 북한 헌법 위에 있다
북한 관리의 생명은 김정은을 훔쳐보는 눈치에 달렸다
한국의 돈은 대통령 위에 있다
대통령도 돈을 얻으려고 술수를 쓴다

천사인 척 내미는 장학금을 받아 성공한 관리는
장학금을 준 재벌의 종이 되고
재벌은 약자에게는 생색만 내고
강자에게는 목돈을 내밀지만
받은 놈들은 누구든 부정한 방법으로 보답을 한다

한국의 재벌은 돈 위에 있다
돈은 재벌이 이리저리 굴리는 노리개이다
재벌보다 높은 것도 있다
욕심은 재벌에게 족쇄를 채우고 범행만 요구한다.

제2부
저 항

비상대책위원회

非常
뜻밖의 긴급한 사태. 또는 이에 대응하기 위하여 신속히 내려지는 명령.

對策
어떤 일에 대처할 계획이나 수단.

委員會
일반 행정과는 달리 어느 정도 독립된 분야에서 기획, 조사, 입안, 권고, 쟁송의 판단, 규칙의 제정 따위를 담당하는 합의제 기관.

재개발조합 설명회 무산

조합이 동래문화원에 설명회를 준비했다
조합해산을 요구하는 주민들이 설명회 장소를 가득 채웠다
재개발조합장은 오지 않고 조합 이사만 보내서
참석자들이 웅성거리며 설명회가 무산되니
모였던 사람이 빠져나가고 나머지 사람이 출구로 나가는 중에
몇 사람이라도 좋으니 설명을 들으라 한다
서너 명 모아놓고 설명회 증거 사진을 찍으려는 술수임을
야유하고 사람이 모두 빠져나갔다

주최 측인 재개발조합에서는 아무 설명도 못 하고 군중은
헤어졌다

닭 쫓던 개 지붕 쳐다보던 조합은
훗날 이것을 성공적인 절차 이행이라고 했단다.

재개발조합 총회 반대 시위

재개발조합이 허심청 안에서 관리처분회의를 하고
조합해산파들이 밖에서 비를 맞으며 반대 시위를 했다

경찰 병력으로 안전선을 만들고
경찰이 행인의 통행을 유도했다

플래카드도 붉은 깃발도 질퍽하게 비를 맞고
반대 시위자들은 감기에 걸렸다

반대 시위대 숫자가 총회 참석자보다 많아도
회의에 올렸던 안건들은 효력을 얻었다.

재개발조합 해산요구 시위

재료를 아무리 가져와도
빈 냄비 그대로입니다

싱싱한 재료를 가져와도
만들어진 것은 썩은 국물입니다

소복 입고 매일 허수아비 풍선 짓이라고
조합은 대놓고 비아냥댑니다

관청도 민중도 네 편이 아닌데 뭣 하느냐
시민도 웃습니다

대한민국의 정의구현은
싹이 트지 않았습니다

재개발지구 동네 시위 1

재개발조합의 조합원 집 철거 작업에
안전조치가 미흡하다고 구청에 항의해도
필요한 조치를 하지 않는다고
비상대책위원회가 개발지역 내에서 거리 시위를 했다

시위대 경호와 교통 통제를 하는
경찰이 줄지어 따라다니며 밀려드는 차를 세우고
시위대를 보호하고 시위가 무사히 끝나도록 도우는데도
피해 의식뿐인 시위자들은 경찰을 눈엣가시로 보았다

촛불시위도 친북 세력과 민노총의 돈에 팔린 시위대로
아는 시민들은
시위대가 얼마를 받고 나왔을까 수군거리고
제집 뜯기는 사람의 시위임에도 눈살만 찌푸린다
시세의 1/3에 재산 뺏기는 사람에게
재개발하면 돈 벌었을 것인데 욕심만 부린다고 침을 뱉는다
귀족 노조 민노총이 그들의 임금을 올리고 나면
민노총 고용 사업주가 올려준 임금을 보충하려고
월급 100만원도 안 되는 노동자의 사업장에 떠넘겨

하청업체 노동자의 일터를 없애고 임금을 낮추는데
귀족노총이 임금 인상 투쟁만 한다고 침을 뱉던 사람들이다.

시위대가 경찰의 고충을 알려고 하지 않듯이
시민도 재개발 반대 비상대책위원회라는 이름에서
무엇을 반대하는지는 묻지도 않고
반대라는 말에 불온한 눈초리를 보낸다.

재개발지구 동네 시위 2

내 재산을 부당하게 뺏기지 않겠다는 정당한 시위인데
시위에 나서는 것에 부끄러움이 앞선다
내 재산을 나누어주는 자선 시위였다면
목에도 어깨에도 힘이 들어갔을까

내 재산 지키는 것은 떳떳한 일인데
쳐다보는 시민에게 부끄럽다
부당한 권력에 대항하는 것은 민주시민의 의무인데
북 치고 확성기 소리 높이기가 겸연쩍다.

동래구청 집회

구청이 허가한 집회 장소는 청사 앞마당
청사 앞마당은 구청 민원인 주차장
집회 장소로 허락했으나 마당은 주차장이라
집회 장소는 청사 앞 도로의 인도에 한한다

차들이 다니는 도로변 인도에는
구민이 다녀야 하니
말은 집회 허용이고 행동은 집회 거부이다
도로 가에는 너덧 대의 경찰버스가 있고
비대위가 주차요금을 낸 곳을 경계로 폴리스라인 설치
너덧 대의 경찰이 투입되려면
집회참가자는 수백 명일 텐데
집회 공간은 좁은 인도뿐
구청장이 사실상 집회를 방해하는 것이다

어느 민주국가가 집회 편의를 보장하지 않더냐
구청을 돕는 집회였다면 소수의 안내 경찰에
앞마당 주차장은 텅텅 비워놓았을 것이다
민주주의 허울 때문에 집회 허가를 하기는 해도

집회자보다 많은 경찰병력만 불러놓고
소음 규제다 폴리스라인이다 집회 자유는 말뿐
집회자에게 겁을 주고 집회를 막는 짓이다

시청 광장 집회 1

뙤약볕이 시청 광장 나무들을 들볶는다
나무들은
시민이 푸대접하는 집회에
집회자의 고함들을 듣기만 한다

시청 광장이 들썩인다
경찰 버스가 먼저 몰려들고
오가는 크고 작은 경찰 대오가
시위대를 보호하려는 것이라고는 믿어지지 않는다

가로수 밑에 앉아 집회 시작을 기다리는 노인들
손자 같은 경찰이 두렵기만 하고
평생 모은 재산을 강탈당하는 억울함에도
눈도 주지 않는 시민이 외계인 같다

집회가 이어져도 시장의 해명 한마디 없는 것은
뙤약볕이 나무들을 볶아도 쪄도
나무들이 그 자리에 말없이 있는 것과 닮았지만
시장은 천심을 뭉개고
나무들은 시장의 태도와 민심을 하늘에 전한다.

시청 광장 집회 2

시위를 보호하러 나왔다는 경찰은
시민의 항의가 들어왔다고
꽹과리를 쓰지 말고 확성기 소리도 낮추라 한다

10차선 도로의 자동차 소음이
꽹과리 소리를 삼켰을 텐데
10차선 도로 너머 일하는 사람들이
정말 민원 신청을 했을까
경찰이 빈말하지 않았다면
정탐 나온 조합 직원이 민원을 넣고
경찰은 이를 근거로 집회를 방해하는 것일까

자기주장을 알리려는 방법을 무력화시키려는 짓은
민주주의 언론 자유를 없애려는 짓이다
민주 사회는 집회와 의사표현 자유를 주요 권리로 보호하므로
민주 시민이면 남의 의사표현의 자유를 제한할 수 없다
자동차 소음보다 낮은 소음에 시비를 걸 수 없다
시민 개인의 감정보다는 민주주의 보호가 중요하다
남에게 알리려는 짓을 안방에서 이불 쓰고 할까

시청 광장 집회 3

확성기에 반정부 시위대 노래가 나오고
통로를 반이나 점령한
붉은 조끼와 붉은 깃발에
눈살을 찌푸리고 지나가는 시민이 내뱉는 말
이건 또 뭐고?
또 무슨 억지냐?

재개발을 당해 보지 않은 사람들은
1960년대 한센병 환자 피하듯 몸서리친다
재개발을 당한 시민들은
시위대에 고생한다고 격려를 하고
내가 당했는데 모두 도둑놈이다 집을 뺏기고도
조합을 이기지 못했다고 염려를 한다

재개발을 당하지 않은 시민은
시세의 반값도 안 되는 보상금이
내 땅에 짓는 아파트 분양가의 1/3이라
금싸라기 내 땅 뺏기고
변두리 전셋집 알아보는 억울한 사정은 알아보지도 않고
언론이 퍼뜨린 알박기로만 생각하고
볼멘 얼굴로 서둘러 지나간다

시청 광장 집회 4

시민은 그 사연을 알고 있을까
언론은 무리하게 진행되는 재개발 사업을
깊이 있게 알려 제 기능을 하도록 해야 함에도
재벌의 입장만 보도한다

한 시민이 하늘 향해 외쳤다

재개발사업이 순기능으로 진행되면
재벌들의 이익이 줄어드니
재벌은 언론기관에 광고 중단한다고 협박하고
뇌물로 기자들을 마비시켜
재개발사업의 장점만 말하고
피해자의 정당한 보상 요구를
알박기로 세상에 알린다

이 풍진세상에 혼자 순수하겠다고 나선 사람도
곧바로 정의심은 사라지고 비리 마약에 취하여
신임이나 선임이나 그 나물에 그 밥
힘 있는 파렴치한은

부정을 폭로하겠다고 재벌에게 겁주고
협상이 끝나면 모래톱의 물처럼 사라진다

돈으로 정의를 으깨는 조폭이
이익을 늘리려는 수단과 방법에는
형제도 정의도 없다
민족 타령이나 기부 행위는 돈벌이 도구일 뿐이다
여론을 일으켜야 할 시민은
재개발사업 정비의 필요성을 모르고
재개발사업 정비의 필요를 아는 사람은
부정한 시행으로 돈을 얻는 놈들뿐이다.

시청 광장 집회 5

시위자보다 많은 기동경찰
경찰 버스가 광장 앞 큰길에 줄지어 서고
경찰 소음 측정 차가 가동 중이다
시청 청사와 광장 사이에 police line을 세우고
police line을 넘으면 구속한다고 경고하더니
소리 지르다 넘어지는 할머니가
police line을 넘어뜨려 경찰에 연행됐다

시청 청사 안에는 대기병력이 줄지어 앉아 있다
할아버지 할머니들인 시위대가
북한 공작원이나 되는 듯
시청이 온통 뒤숭숭하다
시위대가 분쇄 대상인가
억울한 일이 있어도 표현도 하지 말라는 것인가
집회나 의사표현의 자유를 공포감을 주어서 무너뜨린다

시청 광장 집회 6

재개발 반대 시위에 나온 사람은
한여름 땡볕 마당에 앉은 노인들
그중에 젊은 사람도 60살이다

경찰은 아버지뻘인 시위대에
police line을 건드리지 말라고 거듭 방송한다
경찰의 눈에는 아빠 엄마들이
휴전선 GOP*에서 마주한 북한군으로 보인다

적군 앞에 군사 퍼레이드하듯 이동하는 경찰
교대병력이 오고 가는 대오隊伍가
꼭 영국왕실 경비병의 관광용 임무교대식 같다

재개발사업이 얼마나 황당한지 아는 경찰들아
할아버지 할머니가 가랑잎처럼 힘이 없이도
혈기 넘치는 촛불시위대처럼 폭동을 일으킬까
이슬람 무장괴한 찾듯 시위 중인 사람을 살피고
시위대가 아는 사복 경찰 몇 사람이
알려지지 않은 몇인지 알 수 없는 사복 경찰에 섞여 있다

* general outpost

시청 광장 집회 7

결사투쟁
조합해산
붉은 깃발이 펄럭인다
붉은 머리띠가 빼곡하다

꽹과리가 선도하고
장고와 소고가 한바탕 놀고
북과 징이 한 소절을 마감한다

시민들은
귀족 노동자 민노총의 임금투쟁이나
정치 목적 촛불 시위에 질려버려서
머리띠 두른 사물놀이패만 보고도
민주주의 이름 아래 반민주주의 선동한다고
재개발 반대 시위대를 비 오는 길바닥 토사물 보듯 한다
이웃이 당할 때는 사연도 물어보지 않고 조롱하다가
재개발조합이 자기 골목에 펼쳐질 때
그때는 자기도 시민의 눈총 속에 고독한 하소연을 할 것이다.

시청 광장 집회 8

재개발 반대 비상대책위원회 부산시 연합회 집회
재개발 사업은 완료되어도 다툼이 남아있는 구역과
조합이 해산되었다가 다시 설립한 구역
조합 설립을 시작하려는 구역 사람들

각 구역 임원들의 사건 진행 경위와
구청의 편파 행정 사례를 보고하고
법원의 철거정지명령이 났는데도
주민들보다 많은 조폭이 몰려와
사람을 끌어내고 집을 허물어서 경찰을 불러도
경찰은 구경만 하니
조폭들은 경찰 입회하에 득의양양하게 집을 허물었다 한다

경찰서의 말은
재개발은 사적 문제라서 공권력이 개입하면 안 된다
문제가 있으면 법에 따라 고소하고 소송으로 해결하라고
형사문제가 되면 경찰이 그 부분 도와준다고 나불대며
조폭들의 사기진작만 하고 돌아갔다.

시청 광장 집회 9

시장 나와라
건설과장 나와라
우리는 일사병에 쓰러지면서
면담을 원하는데
당신들은 에어컨 아래에서
시위 양상 구경만 하느냐

집회 개시 선언 후 아무리 불러도
비서관이나 말단 직원 하나 나오지 않는다
시위 양상 모니터링만 하고
말단 직원에게 경과보고만 듣는지

공무원들 짓거리는
경찰 병력이 시위대 숫자보다 많고 젊으니
네놈들이 떠들어 봤자 퇴근 시간까지이겠지
내가 너희보다 젊으니 버틸 테면 버텨 보자
나는 아늑한 집도 있고 손잡아주는 가족도 있다
퇴근 시간아 빨리 오너라
공무원 만세.

시청 광장 집회 10

비상대책 위원장의 집회 개시 발언이 있고
목이 터지라고 외치는 선창자에 따라
온갖 구호를 외치다가
사물놀이패의 선도로 원을 그리며 행진한다

경찰은 도열을 재점검하고
바짝 긴장하여 무엇이든 때려부술 기세다
곳곳에서 감시 카메라가 범법자 채증 사진을 찍어대고
시민들은 또 무슨 짓거리냐는 듯 입을 삐쭉거리고
police line의 노란 띠도 굳어진다
구호를 외치는 것도
원을 그리며 걷는 것도
노인들에게는 힘든 노동
police line 앞에 모여 앉아
시청 유리창을 향해 저마다 떠들어댄다.

시청 광장 집회 11

집회 시작 후 네 시간이 지났다
기력이 다한 시위대는
리더의 출석 점검을 받고 집으로 간다
비상대책위에 들어온 사람 중에서 집회 참여자는
반도 안 된다

비상대책위 밖에서 다른 무리를 모아 싸우는 사람이나
혼자 똑똑하여 혼자 싸우는 사람
아무도 믿지 못하여 어정거리는 사람
비상대책위조차 전문가가 없어 갈팡질팡하고
비상대책위조차 조합이 보낸 프락치에 궤멸되는데
재개발조합이나 관청 담당자에게 이런 사람들은
무엇으로 비칠까

비상대책위 시위자들은
오늘의 집회가 효능이 있는지 없는지
물에 빠져서 지푸라기 잡는 마음으로 집으로 간다.

시청 광장 집회 12

조합 계산기가 바쁘다
혼자서 갈팡질팡하는 놈은 이미 잡힌 쥐이고
비상대책위원회를 깨기가 쉬울까
독불장군 똑똑이를 깨기가 쉬울까
쉽고 어려움을 떠나 모두 깨야 하니
돈을 절약하려면
조폭을 더 사고 도우미 일꾼을 더 사야 하지 않을까

독불장군 똑똑이도 계산기를 두드린다
비상대책위는 위의 놈이 조합과 짜고
소리만 내고
일반 위원은 낙동강 오리 알이 될 것이니
혼자 잘 싸워서 보상금 피해나 조금 줄여보자

비상대책위 일반 회원도 머리가 아프다
비대위 윗놈이 곧 뒷거래로 물러날 것인데
그다음에는 누가 비대위에 장난치러 올라설 것인가
비대위 투쟁이 조금 효과가 있었는데
투쟁에 나오지 않은 놈도 무임승차 이익을 보았으니
그놈들 괘씸하다 투쟁을 그만둘까

시청 광장 집회 13

시청집회에도 버스를 대절하던 소극적 회장 파와
보다 적극적인 투쟁을 요구하는 회원과 언쟁이 있었다
회장은 사임한다고 겁을 주어 현장에서는 모면했지만
불씨가 다시 살아났다
적극파가 소복을 입고 나오라고 권고하고
이때부터 비대위 회장 파들은 어떤 집회에도 참석하지
않았다

법정 서류 준비하느라 못 나온다고 늘 말하던 회장에게
의구심을 가진 적극파가 사무실 비우라 했고
사무실 비운 뒤 관련 서류를 달라는 적극파에게
회장 파는 변명을 하며 시간 끌기에 돌입했다
회칙에 명시한 회장 선거를 연기하고
회칙에 따라 회장 권한이 없음에도
회장의 권한을 내세워 투쟁 관련 서류를 내놓지 않았다

재개발 저항 시간은 줄어드는 모래시계처럼 진행되어
망나니 칼이 성큼성큼 현금청산자에게 다가오는데
회장 파는 조합에 대한 동료의 마지막 저항을 방해했다.

시청 공연장 집회

재개발 조합의 부당한 관리처분을 문제 삼아
집회에 재개발조합장이 나와서 해명하라고
지방토지수용위원회에 민원을 넣어 이룩된 집회

조합장은 한 가지도 자기 마음대로 한 것은 없고
모든 사무와 보상가 책정은
시청에서 시키는 대로 했다고 시위대에 천명했다
수용위원회는 서로 이견을 좁혀보라고 만든 자리라고
한계를 정했다

조합장이 시위대에 호통을 치고
시위대와는 말이 안 통한다고 하다가 사라져버렸다
엉뚱하게 일이 벌어지면
당신이 잘못 안 것이다
나는 그런 말 한 적 없다
조합장은 비대위 사람이 제보다 나이가 많든, 여자이든
조폭이 쓰는 말투로 고함질이다.

삼성 부산지사 집회

하소연할 수 있는 곳 모두 찾아간다
들어주는 곳 없어도 하소연 사실은 남는다

약탈 개발 삼성은 물러가라
대한민국은 민주공화국이다
대한민국은 삼성공화국이 아니다

코 묻은 돈 빼앗아 어디에 쓰려느냐
네 힘으로 컸느냐 은혜를 모르느냐
납세 하여 키워주고 국산 애용 키웠더니
세계재벌 되어서도 국민 피를 빠느냐

삼성은 물러가라 악덕 기업 물러가라
이제는 은혜를 갚을 차례
금권 폭력 물러가라
용산사태 물러가라.

삼성 본사 집회에서 돌아오는 길

78명 죽고 198명 중경상을 입은
구포 열차 사고에 책임을 졌느냐
타르 찌꺼기가 제주도 추자도까지 퍼지고
생태계 복구에 100년이 걸린다는
태안반도 기름 유출에 책임을 졌느냐
다섯 명 죽고 스물세 명 다친
강제철거 용산사태에 책임을 졌느냐

철거 폭력에 유산한 임산부는 인권이 없느냐
유산된 아이는 태어나 대통령될 사람이 아니더냐
요양 중인 환자가 오염 공기에 죽고
알레르기 환자를 중태에 빠트렸다
한국 최고 기업, 약탈도 최고
약탈 재개발 이제는 그만
서민이 나라를 못 믿게 하는 짓은 이적행위가 아니냐
삼성 물러가라 삼성 책임져라

하루 종일 외치고 돌아오는 길
집도 가족도 잊고 싶다

빵 조각이라도 먹었는지 소주나 한 잔 마셨는지
지금의 억울함을 잊으려고 노래를 한다
내일의 걱정을 잊으려고 춤을 춘다
노랫가락은 박자 잃고 공중에 떠돌고
춤사위는 짙은 안개 속에 비틀거린다.

재개발조합 항의 방문

재개발조합이 문을 여는 아침 시각을 기다려
재개발조합 사무실에 비대위 회원들이 들어갔다
조합 직원들이
병아리 채가는 매의 눈으로 경계하다가
한 사람과만 말하자고 하고
업무방해죄로 경찰을 부르겠으니 나가라고 하였다

비대위에서 먼저 경찰에 연락하여
재개발조합 현장을 목격하고 처벌을 내리라고 신고하였다
재개발조합장이 어느 방송 인터뷰에서
비대위가 알박기한다고 한 것에 대하여
방송내용 녹음물을 형사에게 들려주며
알박기가 아니라는 수정 방송을 내라고 요구했고
담당 형사는 겨우 중재를 마치고
끝없을 싸움에서 잠시나마 빠져나가자고 돌아갔다

방송국에서도 요구사항만 듣고 수정 방송은 하지 않았다
재개발사업의 부당한 진행은
용산 사태로 도정법이 악법임이 드러났으나

아직도 언론은 억울함을 풀어주는 기사보다는
변두리에 겨우 집 한 칸 마련한 가난한 서민에게
제 땅 위에 짓는 30층 중에서 한 칸만 주어도 될 것을
반 칸도 주지 않는 짓을 정당하다고
불량 주택 철거와 환경 개선 핑계로
부자들이 가난한 사람의 집을 강탈하는 것을 옳다고 쓴다.

시청 주차광장 집회 1

노란 깃발에 붉은 글씨 결사투쟁
갖가지 피켓 중 하나를 목에 걸고
시청 통근 버스 도로에 나란히 섰다

깃발 들고 한 시간을 견뎌야 할 아침
행인들의 무관심 속에는 짜증이 엿보인다
행인들은 무슨 생각을 하는지
내 머릿속은 아무것도 없다

하늘의 구름이 어디로 가는지 보다가
나뭇잎이 바람에 흔들리는지 보다가
지나가는 사람들의 걸음걸이를 비교하다가
패티시 아가씨가 지나가기를 기다리다가
매일 지나가는 버스를 기다리다가
곰두리 버스가 갔으니 곧 8시 30분이 되겠지 하품을 하다가
바람에 흔들리는 나뭇잎과 흔들리지 않는 나뭇잎을 본다

흔들리는 것과 흔들리지 않는 것이 가까이 있구나
흔들리지 않은 것도 언제 흔들릴지 모르겠구나

바람은 언제 다가올지 모르겠고
우리가 맞은 강풍에 무관심한 행인도
언제 이 강풍에 떨어질지 모른다
내일은 다르게 다가올 것이니까.

시청 주차광장 집회 2

아침
여덟 시
시청 주차장 광장
잎 지는 나무들이 두 팔 뻗고 바람에 흔들린다

새
한 마리
또 한 마리
무슨 새인지 알 수 없는 거리

무슨 말인지 했을 것인데
짹짹 소리도, 구구 소리도 들리지 않는다
새들의 말을 알 수 없으면서도
새들의 이야기를 기다린다
대꾸도 없는 시장에게 좋은 말 기다리듯이.

시청 주차광장 집회 3

7시 20분 경비경찰과 미화원이 이미 근무 중
7시 25분 재개발 온천 2구역 시위대 흰옷에 피켓과 깃발
7시 30분 재개발 온천 2구역 비상대책위 시위대 시위 위치로
7시 30분 가끔 오는 병원노조, 풍산금속 해직자, 모모 단체
7시 40분 금속노조 방송 차량 노동가요 시작
7시 45분 금속노조원 피켓 들고 각자 시위 위치로
7시 50분 주차장 여직원이 주차관리 박스에 왔다가 사라짐
8시 주차장 여직원이 주차관리 박스 안에 들어감
8시 5분 북쪽에서 들어온 페티시fetish 아가씨 남쪽으로 가고
8시 15분 남쪽에서 들어온 활기찬 아가씨 북쪽으로
8시 20분 시청 직원 첫 통근 버스 도착
8시 30분 시청 직원 마지막 통근 버스 도착
8시 30분 금속노조 피켓맨 방송차로 집결 해산
8시 30분 병원, 풍산금속, 모모 단체 해산
8시 30분 재개발 온천 2구역 비상대책위 시위대 모여서 해산 구호
9시 5분 비상대책위 시위대 시청 식당 누룽지 한 그릇 먹고 해산
9시 10분 오늘 의무는 끝났는데 내가 무엇을 해냈나?

시청 주차광장 집회 4

허울뿐인 화려한 대한민국 법률에는
멀쩡한 사람을 강제로 고치다가 죽게 해도
돌팔이 의사는 무과실, 죽은 자는 천벌 받은 것
서울 간다던 기차가 평양에 가도
기관사도 철도회사도 잘못이 없고
평양에 던져진 손님만 손실 책임이 있다
나락 넣은 정미 기계에서 모래만 쏟아져도
기계 작동이 잘 된다고 잘못이 없다 한다

재개발조합 사무실
비상대책위원회 사람 보고 웃는다
흰옷 입고 설치면 뭣 하느냐
아무 성과도 못 내고 모래시계 모래는 잘도 빠지는데

시청 시위 200일 돌파 무성과 종료
국군은 보상을 바라고 전사하지는 않았다
안중근 선생도 명예를 바라고 죽지는 않았다
성삼문은 단종을 위하여 죽은 것이 아니다
예수는 하나님의 아들이 되려고 골고다로 간 것이 아니다
성과 없어도 법률 개정 요구는 이어진다
다시 구청 시위로 방향을 잡았다.

시청 주차광장 집회 5

출근길 시위 집회
차도 밖 인도에 늘어선
흰옷에 노란 깃발들

물에 젖은 수건인 양 축 처진 입초병 깃발
응원단 기수인 양 좌우로 흔드는 깃발
주위를 오락가락 동초병 깃발
지루함에 겨워 오락가락 흔드는 깃발

행동은 달라도
생각은 한마음
시청 출근 시간이 언제 끝나나
대열을 지키라는 지도자의 말
지루함에 겨워 초점 잃은 눈들
옆 사람과 소곤대고 싶어라

시청 주차광장 집회 6

한 달 치 약을 타온 할아버지
겨우 장만한 이 집에서 이 약을 다 먹을 수 있을까
새벽이면 잠들지 못하고 이 생각 저 생각
어제 낮에는 무슨 험한 꼴이 있었을까
오늘은 시위 당번이 아니지만 시위장에 왔다

집 뺏길 사람들
인민재판 죄수처럼
목에다 플래카드를 걸고 줄지어 섰다
통근 버스에서 내리는 시청 출입구
툭! 노인이 쓰러지고
시청 경찰과 시위 동료들이 모여들었다
119차가 오고, 할아버지는 정신을 차리고
오늘 아침 약 먹기를 잊고 나온 탓이니 걱정 마시오
할아버지는 병원행을 거절하고
부축받아 집으로 갔다

시청 3층 한쪽은 식당,
9시는 시위 마친 비대위 누룽지 타임

할아버지 걱정 한 숟가락
내 걱정 한 숟가락
누룽지 국물이 목에 걸렸다.

시청 집회 200일 청산

시장 얼굴도 보여주지 않았고

시청 관계 직원들에게
이별 떡을 나누고 돌아서는 길

시청 경찰들과
관계 직원들과
서로 수고했다고
투쟁 결실을 바란다고
진심 어린 하직 인사뿐

비상대책위원회 손에는
빈 쪽박 그대로입니다.

부산은행 본점 집회

재개발 조합은 부산은행 도움으로
부산은행 고객인 수많은 현금청산자들의 집을 빼앗았다
재개발 사업은 국책사업인데
은행이 이자 수입을 놓칠 리 없지
확실한 이자 수입에다
정부 편에 줄을 서야지

재개발 사업이 서민을 거리로 내모는 현실을 알면서
융자를 해주고 보증을 서 주는 영업 행위
정부는 무언의 압력을 보이고
재개발 건설업자는 주거래 은행을 바꾸겠다고 위협하고

반조합 비상대책위원회에서
피켓과 사물패를 이끌고 본점 앞에 와
양심 없는 부산은행아
죽어나가는 현금청산자가 너의 고객이다
몇 놈 재벌에 붙어서 너를 지켜 온 은인을 죽이느냐

부산은행은
장막 뒤에서 정신없이 주판알을 튕겼다
무시해라 시위대
고개 숙여라 재벌에게

사상구청 집회

비상대책위원회가 삐걱거렸다
리더 그룹인 소극파는 회비로 점심이나 먹고 가다가
미온적인 집행부라는 질타에
적극파 한 사람을 부회장 집회 책임자로 임명하고
시위지휘권과 시위불참비 사용을 적극파에 양보했다

적극파는 나비도시에 자문을 구하고
버스를 대절하여
회원이 적은 주례재건축비상대책위원회의
사상구청장 성토 모임을 지원했다
사상구청장은 이미 불법 판정이 난 사안을
토씨 몇 개 바꾸는 모양새로 재승인했다는 것이다

비대위 회장 파에서는 적극파가
회장의 승인 없이 비용을 썼다고 성토하고
나비도시를 정치투쟁 과격파로 몰아갔고
집회 지휘권을 적극파에게
이미 위임한 회장은 묵묵부답으로 적극파를 음해했다

온천2구역 재개발 비상대책위원회에서는
실패한 투쟁만 했으니
지원 세력도 얻고 경험을 넓히려면 이웃 비대위와
협력해야 함에도
남의 일에 돈 쓰고
불온 좌파의 도구로 떨어진다고
적극파 폄하에 혈안이 되었다.

부산검찰청 집회 1

부산시 비상대책위원회 연합회 집회
연제경찰서장을 징계하라

철거중지 선고가 있었음에도
주민보다 많은 청년이 몰려와 거친 행동
조폭이 왔다는 주민의 신고를 받고
사고 현장에 나온 경찰들
사람을 끌어내고 집기를 끌어내는데
구경만 하던 경찰들 말
사법적인 일이라 형법으로 다스릴 수 없다고

서장을 징계하라
사법부를 무시하는 경찰을 징계하라
이 땅에 사법부 판단은 장난이냐
서장을 징계하라.

부산검찰청 집회 2

집회에 회장 파는 어느새 참여하지 않는다
집회 리더가 시정 전반의 실정을 조목조목 나무랐다
시장만 질타하고 보상요구는 하지 않았다

집회 반대파에서 나온 사람들이 여론을 만들고 있었다
리더는 자기가 다음 선거에 나오려고 선거운동만 한다고
보상촉구는 한마디도 안 한다고

보상협의 재개를 원하는 비대위 회원들
두 가지로 뜻으로 나뉘어 허물어지기 시작한다
시위 구호의 반 이상은 보상 문제여야 한다는 파
행정 처리 요구에 응답이 없으니
정치 투쟁도 할 만하다는 파.

금정구청 집회

부곡동 재개발조합은
막 조합설립을 시작했다

재개발사업의 실상을 들은
부곡동재개발비상대책위원회는
온천2구역의 경험을 배우려고
온천2구역비대위에 도움을 청했다

비대위 연합회 회장이
재개발사업의 부당성을 알리고
각 지역 비대위가
투쟁실상과 관청과 재개발조합의 흡착관계를 알렸다

불량 구 주택을 허물고
최신 아파트를 지으면 무엇하느냐
자가 주택을 빼앗기고 아파트에는 들어가지도 못하는데
집값이 오르면 무엇하느냐
깔고 앉은 집이니 팔 수도 없고
집값 따라 물가만 올라 살기가 나빠지는데

집값 올라 좋은 사람은 팔 수 있는 집을 마련한 투기꾼인데
구청은 행정 능력을 선전하려고
영세민을 거지로 만드느냐?

사하구 국회의원 사무실 방문

야당에서 여당으로 막 자리바꿈한 여당 의원 지방 사무실
다과를 내놓으며
공손하고 관심을 보이는 말솜씨들

진정서의 목록을 보더니
자세히 읽고 국회의원에게 전달한다는 약속
당이 관청에 지시할 사항이 아니라
건의를 할 뿐이라고 무소득을 암시
부산시당 관계자에게 온천2구역을 부탁해 주었다
투쟁 자료가 다양할수록 건의에 힘이 생긴다고
적극적인 합법 투쟁을 권유했다.

여당 부산시당 집회 1

시당 책임자의 고충 토로
재개발 민원이 3천 개도 넘는데
급하지 않은 사연은 없다
담당자로서 최선의 대답은
자료를 종합하여 당에 보고하겠다
부산시당은 현장 관리자도 아니라
보고하고 권고할 뿐

국회의원 지방 선거구 사무실이나
부산시당 사무실이나
행정권 없기는 마찬가지

여론이 입법권보다 강하지만 여론이 유구무언
입법권은 행정권보다 강하지만 행정권만 두둔하니
입법권자가 요구하는 떡고물은 무엇일까

두서너 번의 전체 회원 집회를 하다가
아침 9시부터 10시까지 소수 당번제 집회를 한다.

여당 부산시당 집회 2

더불어민주당을 믿고 정권을 맡긴 것이 아니다
한나라당이 민의를 저버렸기에 차선책을 쓴 것이다

악법은 미리부터 알아야 수권능력이 있고
집권 석 달이 되었으면 대책이 나와야지
아직도 진상파악 중이라고 발뺌을 하느냐
악법을 만들 때 너희도 도왔단 말인가
수많은 서민의 티끌을 모아
몇몇 부자에게 태산을 만들어 바치는가
악법에도 정의를 살릴 길이 많은데
눈감고 미루적거리는 것은
차후의 선거보다는 지금의 뇌물을 바라는가

같이 잘살겠다는 헛말은 이제 그만
서민도 같이 살자
나도 발 뻗고 한숨 자 보자.

여당 부산시당 집회 3

부산 지구당 위원장 면담 수차례
국회의원 면담 수차례
더불어민주당 당 차원 현실 조사도
보여주려는 속셈인 양
몇 달이 지나도 소식 없습니다
보여주기 서비스도 없는 관청보다는 고맙지만
아직은 빈 냄비 그대로입니다

그래도 명도소송 선고기일이 예상보다 많이 늦어지고
부동산 투기에 치명적인 법을 발효시켰으니
중앙당에 보고할 자료라도 많아지도록
정부, 정당, 사회단체에 접촉하라고 충고하던 더민주당이
한나라당 정권 때보다는 나은 것 같기도 합니다.

연제구 더민주당 국회의원 사무실

동래구 국회의원들은 대를 이어 조합 편만 들어
동래구 재개발 문제를 연제구로 가져갔다
여당이 된 더민주당아 들어라
다음에도 국회의원이 되고
다음 대선에도 여당이 되고 싶으면
서민의 당이 되어 민심을 읽어라

한나라당이 민심을 오판하여 쫓겨났으니
더민주당아 너는 그러지 마라
국회에 가거든 도정법 바로잡아 민심을 얻어라

동래구에서는 구청장이 면담도 안 해주고
직전의 여당인 한나라당 국회의원도 못 봤는데
바뀐 정당은 남의 구역이라고 팽개칠 법하건만
들어는 주네
관할구역 밖이라 도움은 못 되어도
국회 차원에서 노력해 보겠단다
헛일이다 싶어도 종전 여당보다는 낫구나

청와대 도로 집회

미리 신고하고 편의를 약속받은 도로에서
확성기를 쓰고 플래카드placard를 세우고 깃발을 흔든다
흰 처마저고리에 흰 두루막
조선의 신사복, 외출복인데
경찰들이 상복이라 한다
시위대가 입고 온 목적이
혼인식 축하 참석이 아니라
이 땅에 죽은 정의를 애도한다는 뜻이니까

할머니가 경찰에게
나는 대통령 엄마와 같은 아파트 옆 동에 살며
같이 성당에 나가는데
엄마 친구가 집을 뺏기게 되어 왔다고
대통령에게 전해달라고 하니
경찰이
제가 여기 근무하고 있다고
어머님이 대통령에게 부탁해달라고 하여
듣던 사람이 모두 요절복통했다

청와대 경찰이 소리를 낮추어달라고 하니
시위 리더가 집회 방해라고 항의하여
확성기를 계속 쓰고 있는데
젊은 아주머니 하나가 경찰에게 눈물로 호소한다

청와대 앞은 민원 하소연 자리인데
그것을 못 하게 하는 것은 님비 짓이다
왕이 종로거리에 설치한 신문고를 신하가 찢는 짓이다
이곳이야말로 민주주의 기지이니
당연히 고통을 참든지 이사를 해야지
개인의 민원을 다 들어주면
꼭 필요한 공공의 장소를 설치할 곳이 없다
반대 세력이 꼭 반대할 것이니까
이 아주머니는 재벌의 하수인으로 연기하는 것이 아닐까.

대한민국 주민소환법

온천2구역재개발만 문제 삼으면
이기심뿐인 주민이 외면하므로
구청장의 실정을 찾아 걸고 서명에 돌입했다
실정 내용을 글로 만방에 알리면
인격훼손이라든가 구청비밀 누설로
행정청이 고소할지 모르니
말하지 말고 잡혀가지 말자

대한민국 주민소환법의 목적은
주민소환의 어려움을 체험하게 하는 것이다
서명하는 기간에
확성기를 써도 안 되고
플래카드를 걸어도 안 되고
사물놀이패도 안 되고
이래도 안 되고
저래도 안 된다

주민이 무슨 사연이냐고 물으면 대답을 해야 하는데
틀림없이 대답에도 제한이 있을 것 같아

아니, 구치소에 가기 싫어서
서명 장소에 선거관리위원회 직원의 파견을 요청하여
물어본다
이 말은 해도 돼요?
우리 가족 이야기만 하면 괜찮지요?
그라머 안 됩니까
서명 마치고 가는 시민에게 인사하면 안 되지예?

그렇다
안 되고 안 되고 안 된다
하지 마라 하지 마라
제발 좀 하지 마라.

국회의원 부산시 국정감사장 시위 1

국회의원에게 경고한다
입법취지는 주민의 생활의 질 향상인데
법 집행 결과는 주민이 거리로 나가 굶어 죽게 되었다

행정담당자 말은 법대로 집행한 것이니 잘못이 없다
잘못되었다면 법이 잘못된 것이니
법을 지켜 길 위에서 얼어 죽든 굶어 죽든 마음대로 해라

읽어보니 훌륭한 법 같은데
집행하면 왜 이런 일이 생기느냐

법령 문구에 할 수 있다 아니 할 수 있다를
엉뚱하게 행정해석하고 집행한 것이 아니냐
주민이 필요하여 '할 수 있다' 조항을 적용하라고 하면
할 수 있다는 말을 붙인 것은 안 해도 된다는 말이다
재벌이 '아니 할 수 있다' 조항을 무시하고 해 달라고 하면
아니 할 수 있다는 것은 '한다'는 원칙의 단서조항이다

행정청의 행정해석은
주민의 이익에는 반대되고 재벌의 이익에는 일치한다
관련 업무에 대한 행정해석은 유권해석이 되어
당사자인 주민도 속수무책
구제책으로 행정소송을 하면
일회성으로 처음 대하는 주민은
유권해석이 잘못되었다는 입증을 못 하고
일상업무로 대처능력이 뛰어난 행정관리는
능숙하게 변론하여
판사는 행정청의 편을 든다

입법취지와 어긋나는 결과를 만든 것을 조사하여
뇌물에 따라 달라진 행정집행을 처벌하고
관리가 성실히 수행했는데도 결과가 그렇다면
법이 잘못된 것이니
대국민사과를 하고 즉시 법을 고치고
패해 주민에게 원상회복 시켜라.

국회의원 부산시 국정감사장 시위 2

법정 재개발 시한을 넘기는 사이
물가는 오르고 보상액은 고정되었다
옛날에 근거한 보상액으로
인상된 집을 구할 수 없다
시세를 반영한 보상을 하라

집값이 오르면
다주택 부자는 남는 주택을 팔아서 부자가 되지만
일주택 실수요자는 팔 집이 없는데
덩달아 소비물가만 올라 살기가 더 어려워진다
부동산 투기 때문에 집값은 몇 배나 올라도
근로자 임금은 인상 흉내만 내니
국민 대중의 실질 소득이 격감하여
국가의 총구매력이 떨어지고
떨어진 구매력이 기업의 생산을 줄이게 만들어
국가경제가 수렁에 빠져든다

왜 부동산 투기를 조장하여
부자만 살찌우고 서민들을 더 어렵게 만드느냐

자본주의 빈익빈 부익부가 대공황을 일으켜
미국을 죽음에 이르게 한 경제사를 모르느냐
왜 부동산 투기를 조장하여
국가경제를 파산으로 몰고 가려느냐

재개발 시한을 넘겼으면
그 시점에서 다시 보상액을 산정하라
국가 경제에 그늘이 되는 투기를 뿌리 뽑아라.

국회의원 부산시 국정감사장 시위 3

도시 인구가 줄어들어
지금도 미분양 아파트가 많은데
아파트 또 짓는다고 서민의 재산을 강탈하지 마라

모든 도시를 양계장의 닭장으로 만들려느냐
단독주택도 남겨서 획일화 살벌한 환경을 만들지 마라

우리는 지금처럼 살고 싶다
주거의 자유를 강탈하지 마라
아파트만이 환경정비를 이루는 것이 아니다
다양화 주거환경을 만들어라.

국회의원 부산시 국정감사장 시위 4

대한민국은 민주공화국이다
대한민국의 모든 권력은 국민으로부터 나온다
로고송이었습니다

다음에도 국회의원에 뽑히려면
서민의 일꾼이 되어라
국회의원에게 주는 호통이었습니다

약탈 재개발 적폐청산
도시 획일화 이제는 그만
시위 피켓이었습니다

피켓

의무적 보상협의 지금도 늦지 않다
관리처분 변경 인가 법대로 하여라
재개발 지정변경 조치 의무 법대로 지켜라
구청장은 조합이 겁나느냐 감독답게 감독하라
인권 침해하는 조합 묵인하는 경찰
구청은 통보만 하고 조합은 무시한 3차 분양 미이행

오늘은 집주인 내일은 세입자
나이 구십에 또다시 셋방살이
죽기는 쉬워도 비키기는 어렵다
조합설립변경허가 안 한 무자격 조합장 물러가라
나는 못 나간데이 내 집 놔두고 내가 어데로 가노

반 토막 보상가 바가지 분양가
아파트 남아돈다 그만 좀 지어라
시작도 불평등, 과정도 불공정, 결과도 불신임
약탈재개발 폭풍부동산-응답하라 문재인 대통령님
약탈재개발은 모두가 당하는 부동산 헝거 게임

제3부
유관 관청

입법 목적을 성과 수단으로 삼는 행정

박정희 개발독재는 끼니 걱정을 물리치고
맛집 찾고 바다 건너 소풍 가는 세상을 만들어 줬는데
참여정부 도정법은 무엇을 바라는 독재인지
열악한 환경을 개선한다는 도시 및 주거환경 정비법이
처음부터 열악한 지역 사람을 분신자살로 몰고 가더니
아직도 그 독성이 지독하다

억울한 사람에게 한뎃잠이나 자도록
집을 빼앗아 새터로 만들어 투기꾼에게 바친다
투기한 돈이 더 두툼해지도록 집값을 올려대니
물가가 덩달아 올라 서민들의 밥그릇만 낮추고
부자들은 더 호사를 부려
겨우 봉합한 민심이 다시 갈라선다

상대적으로 가난할 뿐 행복했던 많은 사람의 재산을
모아 보아야
몇 사람 부자의 기쁨에는 커피 한 잔의 여운도 되지 못하여
총체적 행복지수는 낮아지고
절대다수 불만이 폭발하는데
허물어지는 사회 안전망을 수선하려고
김일성 따라잡는 독재로 바꿀 것인가

재개발지역 이주대책 민원 1

김밥 한 줄 물 한 모금으로
아침 10시부터 오후 6시까지
구청장 면담을 요청했다
시위 허가받은 날마다 구청장은 외근 중이다

평당 1,200만 원이 시세라는
지하철 세 개 노선의 역세권 평지를
평당 300만 원으로 빼앗고
세 개 노선의 역세권이어서
신축 아파트 평당 1,700만 원에 매매될 거라는
공익사업에
터줏대감이던 서민이 노숙자로 쫓겨날 판인데
구청장은
시위가 없는 날만 출근한다

연좌 농성 그대로 밤새웠다가
내일 아침 출근하는 구청장을 만나자는 민원인들은
집 뜯긴 뒤에는 노숙해야 할 팔자이니
몸살 하더라도 집에서 쉴 수 있는 지금이
노숙 훈련 시기라고 피를 토한다.

재개발지역 이주대책 민원 2

동래구청 집회 장소는 구청 주차장이다
주차 차선을 긋고 주차 차량의 운행 공간만 마련하였다

집회 허락 시간에 집회 장소에 차들이 빼곡하다
집회 방해 세력이 집회 시각 전에 차를 세워
의사 표시할 집회 공간을 없애 버린다
주차장 앞은 차량 일방통행로와 좁은 인도

시위자는 도로에 내려설 수도 없고
인도에 지나가는 사람들은 눈살을 찌푸리고
부루퉁한 입이 열리면 불평들

시위 공간을 확보하라는 청원이 있어도
시위자와 주민을 이간시키는 계책만 쓴다.

재개발사업변경 정보 공개 민원 1

6월 13일에 이 여사가 정보공개를 요청했고
6월 14일에 김 여사가 정보공개를 요청했다
7일 이내에 민원 신청 회신을 한다고 했다가
10일 이내에 민원 신청 회신을 한다고 말을 바꾸었다

늦은 쪽 신청일로부터도 보름이 지난 6월 29일
담당자가 그 서류는 없다고 했다가
7월 3일에 그때 보자고 사정을 하더니
7월 3일에 다시 가니 찾는 중이라 했다

행정 실무진이 서류를 감추려는 것으로 알게 된
주민들이 7월 4일 몰려가 서류를 보자고 하니
담당 계장 말이 신청 내용을 오늘 알았으니
7월 7일까지 기다려달라고 한다
담당자가 여러 번 바뀌어서 못 찾았을 뿐이라고
야근을 해서라도 찾겠다고 한다
중소기업에서도 원본은 특별장치로 보관하고
원본 훼손 없이 버튼 한 번 눌러 열람하도록
전산으로도 동시 보관하는 IP 강국 한국에서

그것도 핵심 관청에서
그것도 항의 민원 속에 진행 중인 사건에서
그것도 재개발 사건의 핵심 서류를 찾지 못한다
담당 과장의 말은
사람이 하는 일이라 그럴 수 있다고…

중요하고 일상적인 공무상 일에 실수가 있다면
관련 책임자까지 파면당할 엄청난 말

민심은 단정했다
부정이 있어서 서류를 감춘다고
가짜 서류를 만들려니 진위여부 조사가 걱정되어
면탈 방법을 찾느라고 미적거린다고

민심은 단정했다
담당자의 능력 부족이 아니라
상부의, 도지사급 이상의
불법명령 탓이라고…

재개발사업변경 정보 공개 민원 2

18세기 영국 석탄 채굴 노동자 이야기
막장에서 하루 일하면 빵 한 조각을 줄 테니
일을 할 텐가 말 텐가
빵 한 조각에 안전장치도 없이 하루 동안 목숨을 건다는
자본주의 자유계약 현실이
독일 철학자를 시켜 공산주의를 만들었다고 한다

21세기 IP 강국으로 세계의 질투와 견제를 받는 한국
공개채용 경쟁률이 100대 1 이상으로 높은 한국 공무원이
잠깐 메모했다가 버릴 작은 일도 아니고
비정상적으로 일어난 작은 일도 아닌
일상적이고 중요한 업무 관련 서류를 20일이 지나도
파악을 못 한다

서류작성 보관에 한국 표준이라는 대한민국 행정부
관청을 표본으로 중소기업도 원본서류는 특별보관하고
일상업무에서는 버튼 한 번 눌러 열람한다는데
분쟁 중에 진행되는 공익사업 핵심서류를 존재조차
모른다면

상위 책임자까지 큰 처벌을 받아야 함을 아는 공무원이
시민의 정보공개 요구를 20일이 지나도 모른다고
발뺌을 한다
상관의 명령이 부정함을 알아도 실행해야 하는 불쌍한 사람
18세기 광산 노동자가 당한 억울함이
21세기 하급공무원에게 다시 나타나는구나
한국 시민이여
한국 하급 관리여!

재개발사업변경 정보 공개 민원 3

몇 사람만 대표로 면담하자는 공무원
몇 사람만의 밀실면담을 믿지 못한다는 민원인

고함을 지르면 경찰을 부르겠다는 공무원
경찰을 불러서 공정하게 처리하자는 민원인

여기는 개인 집이 아니고 우리 사무실이라는 공무원
일할 장소로 만들어준 납세자의 집이지 너희 집이 아니라는
민원인

다른 시민 민원도 보아야 하니 물러가라는 공무원
지금 하는 우리 일은 너희 일이 아니냐는 민원인

한 가지 일에 직원의 시간을 너무 낭비한다는 공무원
너는 하나 우리는 수십 명, 우리의 시간을 보상하라는 민원인

떼로 몰려와 공무 방해한다고 고소하겠다는 공무원
우리는 세금 주고 시킨 일을 독촉하러 왔다는 민원인

재개발사업변경 정보 공개 민원 4

민원인들 구청 건설계에 몰려들었다
삼복더위에 에어컨은 고장 났고 선풍기도 없다

월급 주는 납세자, 일 시키는 주인이 왔는데
너희만 시원하게 앉았느냐는 항의에
저들이 쓰던 선풍기를 한 대 가져왔다
넓은 구역을 메운 민원인들
직원들이 쓰던 선풍기를 더 가져왔다

하필 건축계만 고장이냐
민원인들을 골탕 먹이려고
냉방기구들을 고장 난 것처럼 꾸몄다고 호통쳤고
다른 건물, 다른 층에는 다 무사한데
건축계 직원들은 민원인들과 함께 땀을 흘렸다

재개발사업변경 정보 공개 민원 5

부자가 내민 법률 조문만 읽어대는 판사님
눈에 피로가 걱정이라 안경 하나 드립니다
어렵게 얻은 증거입니다
절차를 무시한 사연 조목조목 살펴주세요

당연히 있어야 할 주요 문건을
관청 담당자는 모른다 하기가 쑥스러운지
찾으면 주겠다고 하는데
상관의 지시를 받았는지
법정 증거제출 기한을 넘기려고 미적거립니다

공인감정사도 뇌물에 취했는지 횡설수설하고
경찰도 민원신청인에게는 응대하는 척만 하고
사건현장에서는 조합 두둔만 하다가
고소장을 접하고 나서야 솜방망이 처벌을 합니다

사방 천지에는 믿을 곳이 없고
단 하나 희망은
우리들의 정의구현 정신이
다음 사람에게는 작은 빛이라도 되는 것입니다.

재개발사업변경 정보 공개 민원 6

오후에 구청장 면담을 요구했다
구청장은 외근 중
구청장실에 박혀있던 민원인들이
구청장 비서관의 부탁을 받아들여
요구사항을 전달하고 나온 퇴근 시각 무렵
청장실로 들어가는 구청장을 발견하고
민원인들이 청사 현관에 진을 치니
비서관이 또 부탁을 한다
대표 한 사람만으로 면담을 하자고

비대위 총무가 면담을 마치고
건설 계장이 청장의 질책을 받았다
정보공개 약속 시각인 다음날 오후
구청장은 외근 중
담당자는 아직도 서류를 찾는 중
약속 시각 오후 다섯 시
민원인이 건설과로 몰려들자
재개발 조합의 회신을 받아 공개한 정보
재개발 조합에서 사건의 신청을 한 적이 없다고
그래서 구청에는 그와 관련된 서류가 없다고

갑남을녀는 결론을 어떻게 내릴까
절차를 아는 재개발조합이
일부러 불법을 저지른 것일까
절차무시로 끌고 가 더 큰 비위사실을 덮으려는 것일까
덮어야 할 더 큰 비위는 조합일까, 관청일까.

재개발사업변경 정보 공개 민원 7

민원인들이 매일 건설과 대기실을 점령하니
기가 막힌 과장이 만나주었다
기다리게 해 놓고 나올 때부터 찌푸린 과장이
건설계 직원이 했던 말을 한다
이러면 공무집행 방해로 경찰을 부르겠다
민원인이 대답한다
집 뺏기고 길거리에 나앉는데 부르려면 불러라
당신 같으면 가만히 있겠느냐

건설과장이 또 한마디
서류를 찾아야 주지, 찾으면 주겠다
민원인이 대답한다
재판이 끝날 때까지 끌다가
우리가 패소한 것을 확인하면 주겠다는 소리냐
우리 재산을 지키려고 당신을 고용한 것이 우리다.

수용토지 평가 1

재개발 조합도 지방토지수용위원회도
감정평가는 평가전문업체 3곳이 한 결과를
산술평균한 것이다
평가전문업체가 법령 기준에 따라 하니
평가금액이 비슷할 수밖에 없다

평가 결과를 믿지 못하여 다음 단계 평가를 하여
앞 단계 평가와 차이가 크면
어느 한쪽이 오류를 범한 것이다
서로 아는 사이라 서로 배반하지 못해
앞 단계보다 조금의 차이만 둔다
그럴듯한 말이다

엄격한 법령 기준도 해석상의 차이를 인정한다면
얼마든지 왜곡된 평가를 할 수 있다

평가 회사는 평가 당사자가 선택하므로
이번에 최초 감정에 지명되었던 평가회사가
다른 안건에서는 최종 평가회사가 될 수 있으므로
평가회사끼리 공생한다는 불문율을 깨기가 어렵다

최초의 평가단이 엉터리 평가를 한 다음
다음 순위의 평가단이 선례를 따르면
피해자는 구제될 수 없다.

수용토지 평가 2

지방토지수용위원회에 평가 업무가 넘어가자
비대위 투쟁이 활발해져
토지수용위원회의 감정평가에 저항하니까
재개발조합은 비대위 내에 프락치를 만들고
비대위 리더들을 매수하여
조합의 주장에 동참하도록 선동하였다

평가회사가 주인이 없는 집에는
담 너머로 들여다보고 평가를 했고
비대위 적극파가 이에 항의하자
소극파는 재개발조합이 선동하는 대로
감정평가를 안 받으면 손해라고 부추기고
지방토지수용위원회는 비대위 회원 2/3가 평가를 받자
나머지는 현장 확인 없이 직권으로 평가를 마쳤다

지토의 감정가격이 조합의 감정가격에서
2~3% 오를 거라는 관행을 깨고 20~30% 올랐다

비대위 소극파는 조합과 협의를 마치고 이사하고
소극파였던 위원장은
수억의 검은돈을 받았을 거라고 추측들이 난무했다.

수용토지 평가 3

지토의 감정평가에 비대위 회원들이
그 가격으로는 지금의 땅과 비슷한 곳에는 전세금도
안 된다고
중앙토지수용위원회에 이의 신청을 하고
중토에서는 평가 전에 비대위를 찾아오는 등
지토가 고압적인 데 비하여 훨씬 성의를 보이는 척했다

중토의 현장 평가가 8월 초에 끝났다
평가 즉시 평가액을 발표하고
조합은 즉시 차액을 공탁하고
명도절차를 시작할 거라는 예상과 달리
11월 말에나 회의를 거쳐 결정할 거라는 소문
조합이 흘리는 인상액도 10~20% 인상이다
9월에 끝난 명도소송도 11월 말일에 선고한다니
11월 중에 분양신청을 시작하지 않으면
분양권 전매를 못 한다는 법령이 발효되었으니
조합에는 신축 아파트 분양신청자가 끊어질 지경
투기꾼은 투기 목적인 전매 불가로 자금 회전 불가
새 정부가 투기 세력을 꺾으려는 듯.

수용토지 평가 4

8월 초에 마친 중토 평가결과를 11월에 통보받았다
조합과 시청 과장이 흘린 인상률 2~3%보다 10배나 올랐다
조합은 지토의 금액을 초과한 중토의 차액을 주겠다고
인감증명과 부속서류를 가져오라 하고
그 서류들로 또 부정을 저지른다고
현금청산자는 이 말을 외면했다

중토수용위원회 평가업무 이후
파격적인 인상률이라 하지만
그 돈으로는 이사할 곳이 없어
다음 수순 행정소송 증액소송을 생각한다.

명도소송 피소 1

명도소송 진행 안내서가 왔다
두툼한 등기우편물에 법원 표시를 하여 두렵기만 했다

토지 보상도 마치지 않은 상태라서
비상대책위원회의 권고대로
명도소송 제기할 권한이 없는 소송제기라는 답변서를
법원에 제출했다

비상대책위원회가 수차례 조합에 항의하여
가까스로 소취하를 이끌어냈다

법원에서 소취하되었으니
이의가 있으면 재판 속행 신청을 하라고 했다
취하한 소송 이겨봐야 실익 없으니 가만히 있었다.

명도소송 피소 2

재개발 조합 도우미들이 귀찮아서
한동안 대문을 잠그고 있었다
그사이 명도 소송 안내서 우편물이 왔던 모양이다

재개발 반대 비상대책위원회에서
재판 일정을 알려줬다
재판 전날 담당 부서에 가서
공시송달 사실을 들었다

2017년 6월 8일 첫 재판에 출석하였더니
피고 존재 사실을 알면서 공시송달은 못 하니
우편물 받을 주소를 대라고 한다
주소는 하나뿐이고
낮에는 종이 주우러 나가서 빈집이니
등기우편물 있음을 알면 우체국에 가서 찾겠다고 했다
주소가 하나뿐이면 어쩔 수 없이
주소지로 종전처럼 우편물을 보낼 테니
그 대신 통화가 되는 전화번호나 적어 달라고 했다

법 지식이 없어 변호사도 구하고
변호사가 원하는 자료 준비할 시간도 필요하니
여유를 두고 속행해달라고 했더니
8월 17일 선고 예정인 다른 사건 판결을 보고
일정을 잡을 것이니
준비할 시간은 충분하다고 했다

명도소송 피소 3

명도소송 일정도 모르고 출국하여 라오스에 갔다 와서
집사람의 재판 이야기를 듣고 비상대책위원회에 갔더니
8월 24일 재판이 있었는데 9월 26일로 연기되었다고 했다

우편물을 기다리고 있었고
대문을 잠그지도 않았는데
또 공시송달을 했다는 말인가

집을 비우는 나도 할 말 없지만
우체국 집배원도 빈집에 등기 배달은 어렵겠다

9월 25일, 비대위 집회에 나가서 내일 재판 부탁을 했는데
9월 26일, 재판에 내 이름이 없다
9월 26일, 법원에 물어보니
내 사건은 9월 28일 오후 다섯 시 10분에 속행한다고 한다.

명도소송 피소 4

9월 28일 세 번째 재판은 선고일 것이다
관련 사건인 관리처분 무효 주장에서 패소했으니
오늘 선고에서 패소할 것이다
재개발조합에서 용역한 이주지원센터에서는
두 날개에 힘을 주고 강제 퇴거 위협할 것인데
나는 어떻게
조합이나 구청은 편법과 위법을 물 마시듯 하고
내가 재량 조항을 적시하면
안 해도 된다는 유권해석으로 윽박지른다

법대로 했고 법대로 한다는 관청에 순순히 승복하면
다음 사람을 위한 법률 개정에 도움도 주지 못하고
의로운 투쟁을 했다고 자부하지도 못할 것인데
명도집행정지 소송을 하려면 돈은 얼마나 드는지
공탁금 절반을 강탈당하지 않을지
평생 모은 재산을 거품 같은 명예와 바꿀 것인지
마음을 다잡지 못하니
닥치는 대로 행동할 뿐이다

명도소송 피소 5

9월 28일 세 번째 재판은 결심 재판이었다
두 번째 재판일을 몰라 결석한 탓인지
재판장이 변론 기회를 주었고
다른 사람이 피고석에서 들었다는 판사님 말씀인
재판 결과를 보아서 아는데
피고도 그만하고 합의하시죠
라는 말은 하지 않았다

변론 요지는 본안 소송 무효인 주장
세 가지 중 두 가지를 말하자 변론을 중지시켰다
대리인인 변호사가 서면제출한 내용인 모양이다

주장 세 가지는
하나 협의 절차를 어겼다
하나 올해의 공시지가를 적용해야 한다는 규정을 어겼다
하나 무자격 조합장이 행한 처리는 무효다

선고일은 추후 연락한다고 하여
강제집행이 생각보다 늦춰졌지만
걱정할 시간이 늘어난 것이기도 하다.

명도소송 피소 6

아직 명도소송 선고 통보가 없다
패소할 것으로 확신한다

재개발의 진척 상황과 국가 미래에 비추어
내가 주장한 이유가 미미하니
피고가 승복하라 할 것이다

조합이 벽보로 써붙인 대로
3,000만 원 손해배상금을 공탁하고
명도처분집행정지소송으로
전셋집 얻을 돈을 날릴 것인가

지루한 행정소송을 하여
피를 말릴 것인가

아무것도 하고 싶지 않고
무엇이든 해야 할 것 같고……….

명도소송 피소 7

엉뚱한 결과를 정당하다고 판결을 합니다
태풍에 쓸린 집들이 떠내려가는 것을
순리로 보아야 하지 않습니까
나라가 태풍을 일으켰는데
태풍을 거역할 수는 없지요

인재를 천재로 보기가 민망하여
피해자를 구출하려고 노력은 하지만
양심에 따른 판결 노력의 결과가
피해자에게 말할 기회를 준 것뿐이라고
사람들은 손가락질을 하지요

탈북민이 아는 자유는
김일성에게 충성하는 자유뿐이라고 하듯이
한국 법관의 양심은
국가 정책을 지원하는 양심뿐입니다
한국 법관의 의리는
돈이 주는 은혜에 보답하는 의리뿐입니다

힘 있는 사람은 말합니다
내가 당한다면 억울하지요
그러나 나는
위장한 공익사업이지만 공익 이름 앞에 머리 숙이고
다른 조건으로 억울함을 상쇄하지요
사람 사는 게 그렇지 않습니까
나도 보통 사람 아닙니까

명도처분 집행정지 소송 1

11월 30일 명도소송 패소 선고가 떨어지고
나는 법정에 출석하지 않았다

그 판결에 근거하여
12월 6일에 부동산 인도 강제집행 예고서를
집달관이 가지고 왔다
깡패라고 오해받는 이주지원센터 직원 무리에 싸인
집달관은 문밖에서 기다리던 내게 예고장을 주고는
집 안을 볼 수 있느냐고 요구하였다
집달관의 오늘 목적은 예고장 전달이지
개인 사생활 확인은 아니지만 허락했더니
마당에 들어와서 현관문을 열고 힐끔 둘러보았다
위장 거주인지 사실 거주인지 확인하려던 것이다

예고도 없이 강제집행을 하느냐 했더니
12월 20일까지 집을 비우지 않으면
예고 없이 강제집행을 한다는 예고장이라고 했고
12월 20일 기한은 조합과 협의할 수 있다 했다

비대위에서는
12월 6일 자로 강제집행정지명령을 받아놓았고
나는 12월 11일 공탁금을 걸고 정지명령에 효력을 주었다

명도처분 집행정지 소송 2

집달관이 거세게 문을 두드리며
건장한 청년에게 둘러싸여 이름을 불렀다
아이들이 놀라서 떨었다
집달관에게 아이들을 이웃집에 맡기고 오겠다고
아이들을 언니 집에 맡기고 오니
집달관은 떠나는 중이었다
이제 이야기 듣자고 하니
서류를 현관에 두었으니 보라고 하고 갔다

아낙네 혼자서 아이를 데리고 있다가
놀란 아이를 맡기고 오는 동안
대문을 따고 들어가
강제집행 예고장을 두고 갔다
주인이 도망간 줄 안 모양이다
시민의 심리적 충격은 안중에도 없는 공무원
놀라서 한나절을 보내고
비상대책위원회 충고를 듣고
명도소송 집행정지 소송을 냈다.

손해배상청구 소송 피소

조합이 손해배상청구 소송을 한 것을
비대위에서 알려주고 답변서를 만들어 주었다
12월 13일 첫 재판에서
손해배상청구 받을 이유가 없다고 했더니
원고인 조합 측 변호사가
손해배상청구는 나중에 할 것이고
지금은 임료청구인데 자료를 보완하겠다 하여
판사님이 보완 자료를 제출하면 속행하겠다고 하였다

그저께 제출한 답변서는
재개발 절차 중요 과정마다 중대한 하자가 있어
지금 소송으로 다투는 사건이 네 건이나 되고
다른 사항도 소송 예정이므로
원고의 청구는 기각하라는 내용이었다.

증액소송

평가받은 내 집값이 너무 적다
증액소송에 어떻게 대처할까

법정에서 판결한 증액이 청구한 증엑에 미달하는 때에
패소비용이 있다는데
평가받은 금액이 시세보다 너무 적다고
시세만큼 요구했다가는 패소비용이 클 텐데
패소비용을 줄이는 청구액은 얼마일까

비상대책위원회가 조합에서 단체로 얻어내는 비율보다
내가 법원에 청구한 증액 비율이 낮으면
위원회가 얻어낸 비율보다 낮은 비율인 청구액 때문에
그 차액을 손해 볼 것인데
적어도 비상대책위보다는 청구액이 높아야할 텐데
비상대책위원회 협상력은 어느 선일까
증액소송에서 시세를 참고나 할까?

누나야 미안해

시골 부모님이 가난하여
도시에 사는 누나에게 얹혀살며 공부를 했지
먹고 자고 공부하여 공무원이 됐지
경남 도청 건축과에 잔뼈를 심어
재개발 실정을 잘 알지

누나가 재개발을 당하여 안절부절못하니
누나에게 핏줄의 정도 있지만 입은 은혜가 더 무거워
소식을 들은 날부터 밤잠을 설쳤다

누나가 합당한 보상금을 받을 방법을 물었을 때
법이 정한 대로 하라고 한다고
친절하던 누나가 내게 의절 선언을 했을 때
누나 다 말할게 입술을 달싹이다가도
누나야 미안해

아직 공부 중인 아이들이 입을 막더라
돈벌이 못 하는 집사람이 입을 막더라
누나야 누나는 목돈 들어갈 일이 없잖아

나는 아직 돈 들어갈 일이 캄캄해
공무원 일밖에 모르는 내가 파면당하면
누나도 가슴 쓰리지
말 못 하는 태산 같은 이유
누나야 미안해.

알 수 없어요

마감한 분양신청대로 집행하려고
총회에서 결정한 관리처분을
분양신청에 흠결이 있다는 다툼 끝에
법원이 효력이 없다고 선고했다

승소한 사람들이 분양신청을 다시 하라고 했을 때
조합이 별개의 소송으로 분양신청 유효를 주장하고
법원은 관리처분은 무효이지만
이미 마감한 분양신청은 유효하다고 선고했다

하자 있는 분양신청 때문에 관리처분이 무효가 되었는데
관리처분만 무효이고 분양신청은 유효하다고 한다

조합은 어떤 논리로 소장을 냈을까
조합에 맞선 변호사가 어떻게 대처했기에
뒤에 따라오는 사실의 무효원인이 앞 사실인데도
판사는 앞 사실의 유효를 선고했을까?

허가가 잘못되었다는 민원에 시달리던 구청이
허가취소한 사건을 본질에는 변함 없이 몇 단어 고친
재신청을 신규 사건으로 허가한 것과 닮았다.

아들아 너를 지켜주마

내 아들은 판사
나는 아들보다 지혜로운 노인

재개발로 집을 빼앗기지 않으려면
판사에게 물어보라 하는데
나는 네게 한마디도 안 했다

판사들의 판결을 보면 알지
재개발 소송에 억울한 사람만 지더라
판사가 재벌이나 조합 눈치만 보는 것도 아니고
판사가 양심도 없는 것은 아님을 믿지
내 아들이 판사인데…

그러면 무엇 때문에
헌법정신에도 입법취지에도 맞지 않는 판결을 했을까
잘못을 바로잡을 법 조항들을 덮어 버렸을까
힘 있는 자의 주장만 들어주었을까

나는 알지
저 높은 이유
대통령도 꼼짝 못 하는 아주 높은 이유.

어리마리 민주주의

비상대책위원회 임원들은
반년 사이에 변한 것도 많다
어렵게 적어놓은 도정법을 공부했고
공무원들의 말에 빈틈을 찾아내는 경험도 얻었다

정권이 친서민 쪽으로 바뀌면서
집회장을 둘러싸던 전투경찰이 사라졌고
사복형사들도 우호적으로 바뀌었다
앞 정권에서는 공무원이 조합의 지시를 받는 듯하더니
정권이 바뀌고 새로 온 담당자는
시정 지시를 무시하는 조합에 대항하기 시작했다

재판부도 억울한 자에게 배려하는 듯하지만
재판부가 양심에 따라 국가에 저항해야 함에도
관행에 묶여 있으니
우리는 아직 잠이 덜 깬 민주시민이다.

제4부
재개발 조합

재개발조합 1

조합 결성 전에는
땅 평수만큼 아파트 평수를 준다고
뒷집 아주머니가 조합 가입 권유를 하더니
조합 결성 뒤에는
조합에서 고용한 도우미 아가씨가 조합에 가입하라고 와서
35평짜리 아파트를 준 뒤 결산하고 돈이 남으면 나누어 주고
돈이 모자라면 분담금을 더 거둔다고 하였다

42평 대지에 지은 내 집을 주고
35평 아파트를 웃돈 주고 사야할 판
내 땅에서 반을 공유부지로 떼고
21평짜리 집을 지어도 30층이면 돈이 얼만데
어처구니없는 제안을 하느냐
억울한 생각에 조합설립에 반대한다고 했더니
조합이 돈을 벌게 해 주는데 왜 반대하느냐고 했다

내 집 평수만큼은 보장하고
결산 후 이익금을 분배한다 해야 할 것을
내 땅보다 적은 아파트를 웃돈 주고 사라니
강탈당한다는 피해 의식 때문에
그게 어떻게 돈을 버는 것인지 알아듣지 못했다

재개발조합 2

재개발조합에서 무슨 설명회를 한다고
동래구문화원에 모이라고 하였다
모임에 갔더니 조합반대 인파만 대극장을 메우고
조합장도 오지 않고 반대 야유로 설명회는 무산되었다
청중들이 빠져나가고 여남은 사람이 나가려는 때에
설명을 들으면 도움이 되니 몇 사람이라도 들어보라 한다

야유하던 사람들이
몇 사람 붙들고 사진 찍고는 성공적인 설명회라 할 것이라고
야유를 퍼붓고
한 사람도 듣지 않고 모두 빠져나갔다

후일 이날 일을 두고
조합에서는 설명회를 했다는 기록을 구청에 보고했다
구청에서는 설명회 무산을 알았을 텐데
설명회에 대한 조치가 없었고
토지수용위원회에서는 조합의 보고를 인정하여
내가 제기한 절차상 하자를 무시했다.

재개발조합 3

철거한 빈터에 잡초가 가슴에 이른다
가난한 가족 입에 풀칠하기 바빠서
자연에 눈 돌리지 못한 사람에게 잡초들도 낯설다
집을 에워싼 폐허 잡초에 모기들이 빼곡하다
철거 전에는 주기적으로 돌던 구제약 살포도 없어지고
벽보에 쓴 환경관리 철저 이행은 없었던 일로 되고
민원이 있어야 겨우 약통을 메고 나온다
빈 마을에 버티고 있는 미운 사람들에게
주고 싶은 것은 욕설뿐이겠지

집을 지키려는 철거 저항 주민이나
집을 헐값으로 빼앗으려는 조합이나
서로 총을 겨누고 트집만 잡는다
관청은 철거민을 잡아넣고 싶어도
여론이 무서워 눈치만 본다.

재개발조합 4

철거지에 장막을 치고
위생처리를 한 것처럼 꾸몄다
바람에 장막은 헤지고
자동차나 지나가는 사람이나
빈 마을에 사람이 보이지 않으면
분리하지 않은 쓰레기를 내려놓고 간다
쓰레기가 무더기가 되고
냄새가 진동해도 빈 마을이라고
쓰레기 수거도 없다
모기도 파리도 제 세상을 만나
남은 한 집 울타리를 뚫고 들어와
낮에도 포식하고 시시덕거린다

재개발조합 5

세입자와 같이 나가면 보상을 더 하겠다
이사 계획서만 제출하면 이사 지연도 허락하겠다
조합이 번번이 속여왔는데
내가 문서로 써준 이사를 늦춰도
그들이 허용하겠다는 말을 어떻게 믿나

여럿이 뭉쳐서 나가면 감정가격보다 더 줄게
한 집이라도 뭉쳐 오면 더 줄게라는 유혹에
많은 고달픈 사람들이 당했겠다
감정 가격은 그들이 제시한 금액보다
항상 높았다

영업권 명목으로 추정액보다 열 배를 더 주고
상가 세입자를 내보내고
주인과 의리 지키려는 세입자에게는 바뀐 등기를
내놓고 협박하여
임대료로 전세 자금도 없애서 집주인을 질식하게 한다

조합이 하는 일은 일마다 의심스럽고
조합이 하는 말 뒤에는 언제나 속임수가 있다

재개발조합 6

말을 퍼뜨렸다
재개발하면 자기의 단독주택 대지 평수만큼의 아파트를 준다
아파트값이 지금의 땅값보다 몇 배나 되니 부자가 된다

비싼 도우미를 고용하여 꼬드겼다
우선은 재개발하여 대지보다는 작은 아파트를 주지만
사업 결산을 하여 남는 돈을 나누어 준다
만약 돈이 모자라면 다소나마 추가 분담의 경우도 있겠다

비싼 도우미가 또 꼬드겼다
조합설립에 찬성하여라
돈을 벌게 해주는데 왜 찬성하지 않느냐

비싼 도우미가 협박하였다
분양신청을 안 하면 강제수용당한다
분담금이 감당 안 되면 피* 붙여서 넘겨라

말도 안되는 평가금액 등기우편이 계속 들어왔다
현금 청산자 감정평가 안내서
감정평가액 통지서
지방토지수용위원회 감정평가액 통지서

* 피: 프리미엄

재개발조합 7

용역회사를 고용하여
언제나 파격적인 마지막 기회라고 압박했다

등기가 조합으로 넘어갔으니 빨리 집을 비워라
공탁한 현금청산액을 빨리 찾아라
공탁금을 찾는다고 불이익은 없으니
공탁금을 찾아 집값이 오르기 전에 이사하든지
이자가 공탁한 법원보다 많은 은행에 저금하여라
특별한 시한부 기회다
5월 15일까지 합의를 보면 약간의 돈을 더 주겠다
5월 20일까지 합의를 보면 약간의 돈을 더 주겠다
5월 말까지 합의를 보면 약간의 돈을 더 주겠다
이주계획서만 먼저 제출하여라
이주계획서를 내면 이주비와 약간의 돈을 더 주겠다
이주할 집도 알아봐 주겠다
계획대로 이주를 못 해도 기한을 늘여준다
이주계획서를 내도 중토나 행정소송 길은 막히지 않는다

중앙토지수용위원회에 이의제기해도 2~3%만 인상될 것인데
6월 15일까지 합의를 보면 감정평가액의 5%를 더 주겠다
6월 말일까지 합의를 보면 감정평가액의 7%를 더 주겠다
추석 뒤 시범적 명도 집행으로 비참한 사실을 보여줄 것이다

중토 평가액이 10% 인상될 것이라는 정보가 있다
이주계획서를 내면 그 10% 외에 얼마를 더 주겠다
이웃집과 같이 오면 더 올려주겠다 이웃집에서 말 안 하더냐
어르신 이웃에 몇 집이 합의 준비를 하고 있다
합의를 생각해 보았느냐 이 기회는 곧 끝난다
며칠 뒤 지토 평가액에 20%를 더하여 합의 본 사람이 여럿 생겼다
중토의 평가액은 지토 평가액보다 25%가 높았다.

재개발조합 8

약한 것부터 격파한다
힘을 모을 줄 모르는 사람
혼자 설치는 사람

힘이 있는 자는 더 주어 내보낸다
판사, 검사, 정치인, 언론인
권력자를 업은 사람
대적할 수 없는 대기업

제도를 빙자하여 협박한다
권한이 없는 사전 명도소송
부당한 강제철거
기각될 고소 고발
권한 없는 손해배상 벽보

인간 성정을 악용한다
불안 심리 조장
유언비어 날조
반대 세력 지도자 포섭

재개발조합 9

내려앉힌 집터에 건축폐기물을 그대로 두었다
시민이 쓰레기를 몰래 버리도록 환경을 만들었다
주민들이 청소과에 항의하여 가끔 청소를 했다

한밤중에 몰래 담 안에
돌을 던지고 쓰레기를 던져 공포심을 만든다고
주민들이 CCTV를 달고 경고문을 붙였다
집 앞 소방도로에 세워둔 차에 유리창이 깨어졌다
CCTV를 경찰에 제시했으나 아무 회신도 없었다

조합 이사님이 분양 신청한 조합원들을 데리고
비대위 회원 집에 몰려왔다
조합에서 데리고 온 사람들은
한아파트에 같이 살았던 이웃에게
당신들 때문에 금융 이자 손해 본다고 싸움을 걸었다
자기들은 장사 속셈으로 입주권을 받아놓고
손실을 감당 못 해 남은 사람에게 손해 보상하라 한다
장사 속셈이었으면 손실도 감당함이 당연지사 아닌가

싸움이 격해져 담당 형사를 불렀다
자초지종을 들은 형사님 충고
조합 이사라면 싸움을 말려야 하는데
가만히 있는 사람 불러 모아 데리고 와서
싸움을 붙이느냐
조합 이사에게 동원된 조합원들
실패한 그날 일로 조합에서 점심이나 얻어먹었는지?

재개발조합의 믿음

구청에 백날 시위해 봐야 고생만 한다
어느 짓을 해도 고생만 하기는 마찬가지
그러니까 골고루 해 보아라

구청 시위 마치고
촛불을 들고 구청에서 동래 지하철역까지 행진하여
동래 지하철 철로 아래에서 기다리는
부산시재개발반대비대위 연합회 회원들과 합친 촛불
소복한 참가자는 온천2구역 비대위 회원
평상복 차림 참가자는 연합회 회원

비대위가 무슨 짓을 해도
신문에도 안 나오고 텔레비전에도 안 나온다
발가벗고 춤을 추어도 재개발 비대위 시위인 줄 알면
아무도 보도하지 않을 것이니
촛불시위이든 미친 짓이든 천날만날* 해 보아라
나라님*이나 조합이나 미지근하지도 않을 것이다.

* 천날만날: 매일.
* 나라님: 임금, 행정청을 비유함.

철거 작업 1

쿵쾅 소리가 나고
구들장이 흔들린다
200리 너머 진도 5.8인 경주 지진보다 강렬했다
조합 해산을 요구하는 주민들이 모여들어
무너지는 집에서 나오는 매캐한 냄새 속에서
주민들은 철거 작업 수칙 준수를 들먹이며
분진 대책부터 하고 작업하라고 하고
철거업체는 업무방해라고 주민에게 카메라를 들이댔다
주민도 철거업체 직원에게 카메라를 들이대고
폭력행위를 채증한다고 겁을 주었다

구청 담당 직원이 나와서
물을 충분히 뿌리라는 지시만 하고
법령에 따른 철거라는 해석을 하고
작업 현장을 잠시 지켜보다가 갔다

철거 회사 직원은
철거민의 억울한 사정은 자기 부모도 당한 일이라 알지만
이 짓이 우리 집 마누라와 아이들의 밥줄이라고 하소연하고

주민은 공사 중지 목적이라는 말은 숨기고
먼지 제거 물 분무량이 적다느니
우리 집 벽이 쓰러진다느니
공사 중지를 종용했다

철거 작업 2

철거 작업도 기습적으로 한다
벽이 무너질 것 같아 나갔더니
한 집 건넛집을 삽차로 무너뜨리는데
반세기도 훨씬 넘는 우리 집이 흔들린다

공사 감독에게 가서
우리 집이 무너질 것 같다고
삽차로 집을 때려 땅이 흔들리게 하지 말라고 했더니

조심은 하지만 혹시 벽이라도 갈라지면
충분히 보상하겠다고 하고
우리 집과 붙은 집은 삽차로 조금씩 뜯어내더니
벽 쪽 반 칸은 남겨두었다
먼지 냄새는 삽차가 떠나도 며칠간 가시지 않았다

철거 작업 3

어제까지 캄캄한 빈집에
낯익은 사람들의 숨소리가 들리는 듯했는데
오늘 밤은 하늘이 훤하다
집들의 잔해가 어둠 속에 무덤처럼 솟았고
잔해 위는 공동묘지 하늘 같다

옆집들은 담장에 붙은 쪽 반만 남기고
지붕도 문도 뜯겼다
옆집 하나씩 부수어지다가
곧 내 집도 부수어지겠지

반파된 집이 많아 길고양이는 행복할 것 같은데
고양이는 우리 집을 맴돈다

철거 작업 4

비상대책위원회 집회에 모처럼 나와서
적극파인 듯 설치던 사람이 이삿짐을 꾸리면서
하는 수 없어 집을 비우지만
엄마가 남편 없이 반티장사*로 마련한 집이라
끝까지 싸운다 하더니
어느새 철거 장막이 쳐지고
부슬비 내리는 날
삽차의 한 방에 다세대 이층집이 허물어졌다

비상대책위원회 총무로 독설을 퍼붓던 여자 총무가
슬그머니 사라진 뒤에
아파트 한 채를 받고 몰래 떠났다는 소문
적극적으로 비대위를 이끌어 믿음을 얻은 회장이
소극적이다가 투쟁을 지연시키다가 떠나자
많은 뇌물로 합의했을 거라는 소문
쫓겨난 그 회장이 더운 어느 날 정장 차림에
생쥐 같은 얼굴을 쳐들고 거들먹거리고 지나갔다
발 없는 소문에 헛소문도 있지만
부정 뇌물 소문에는 참소문이 많다.

* 반티장사: 큰 대야에 채소나 곡물을 담아 길바닥에서 소매하는 영업.

철거 작업 5

아파트에 합의하고 나간 사람과 남은 사람이 있었다
조합은 남은 세대의 옆집인 빈집의 창틀을 뜯고
현관문을 뜯어내고 먼지를 날리고 굉음을 냈다
비대위 회장이 회원을 비상소집하고
음산한 분위기나 도둑 잠입 걱정 때문이라고
경찰을 불러 철거를 막아달라고 했다
경찰은 아파트 파괴 현장에 오더니
사적인 일이라 개입할 수 없다고 소송으로 해결하라 한다
불법 사항이 있으면 고소장을 내라고 하고 구경만 하니
파괴 작업자는 경찰 입회하에 신바람 나는 파괴를 했다

주민이 소음, 먼지 등을 내세웠으나
작업자들은 예정된 파괴를 끝냈고
조합은 주민을 안절부절못하게 하는 목적을 이루었다

철거 작업 6

정신병원 이웃집을 철거했다
비대위에서 신고하여 철거 임시 정지가 이루어졌으나
심리적 요양을 하던 노인이 이튿날 죽었다

비대위가
굉음과 매캐한 유독 공기에 놀라 급사했다고
국가인권위원회에 보고하고
병원 측은
치료과정이 순탄했으니
충격받은 급사라는 의견이었고
조합은
누명을 씌운다고 항변했으나
국가인권위원회에서 개선 권고가 내려졌다.

철거 작업 7

방다닥이 흔들리고 쿵쿵 소리가 났다
삽차가 옆집을 부수는데
물을 뿌리고 있었지만 먼지가 뽀얗다

먼지 날리지 않도록 하고
내 집이 무너지지 않도록 조심해달라고 하니
철거 인부가 협박을 했다
두려워 경찰과 구청 공무원을 불렀다

공무원이 민원을 들으라고 해도
철거 인부는
눈을 부라리고 어깨를 들썩이며
씨발년 죽여버리겠다고 했다
구청 공무원도 말로 해도 안 되니 속수무책
경찰도 말로만 제지하니
철거 인부는
먹고살려고 철거 회사 눈치 보느라고
마음에도 없는 욕설만 남발.

벽보 사건 1

빈집에 벽과 대문에
붉은 글씨로 빽빽이 공가 표시를 했다
조합에 반대하는 사람이 많이 살고 있는데
행인들에게 혐오감을 주고
폐허처럼 보이게 하려는 작태를 그만두라고
비대위가 구청에 고발하고
조합은 도배하듯 써놓은 글을 지웠다

합의하지 않은 사람의 주소를 벽보에 적어서
주소를 보면 사람을 알 수 있어서 인권 침해라고
비대위가 또 구청에 고발하고
조합은 주소를 검은색으로 지웠다

명도소송 기본 요건도 갖추지 않은 상태에서
명도소송 안내 벽보를 붙여서
이사할 곳 없는 형편이라 명도소송에 져도
월세나 손해배상 책임이 없는
정당방위라는 대법원 판결을
비대위가 비대위 회원에게 안내를 했다.

벽보 사건 2

세입자가 나간 방에 창이나 벽에
조합 대리인이 와서
붉은 글씨로 공가 표시를 하는데
1층이 비면 1층에 먼저
다시 3층이 비면 3층에
공가 표시를 하여
공탁금을 찾지도 않고 버티는 사람에게
합의하자고
심리적 압박을 한다

세입자를 몰아내고 주서로 공가 표시를 하니
집주인이 그 행위를 말리다가 경찰을 불렀다
조합 명의가 된 집에 조합이 하는 권리행사라고
경찰 입회 아래 보란 듯이 공가라고 주서했다가
입회 경찰이 집주인에게 법으로 하라는 말에
유리와 기둥이 훼손된 뒤에 주인이 고소했고
대리석에 쓴 공가 표시 주서가 지워지지 않자
주서 위에 컴퓨터 용지를 붙여서 눈가림했다

비위이든 불법이든 자행하고
주인이 항의하면 후퇴하고
주인이 알고도 귀찮아 가만히 있으면
거리낌 없이 불법 행위를 계속한다.

이주촉진관리센터 1

공탁금을 건 뒤
이주촉진센터 직원인 건장한 청년들이
등기부등본을 펼쳐 보이며
이 건물의 주인은 재개발조합이니
빨리 방을 빼라고 한다
당신이 생각하는 주인도 이제는 세든 신세라 한다
빨리 방을 빼지 않으면 법적 처리로 내몰겠다고 하여
겁먹은 세입자가 울먹이며 집주인을 욕한다

조합이 조폭을 고용한다는 말에
크고 우람한 체격을 보는 순간 눈앞이 캄캄하다
갈 곳도 없이 방을 빼겠다고 할 수도 없고
주인과 전세금 반환 이야기도 없었고
적은 돈에 맞추려면 언제 이사 갈 곳을 구할지 막막한데
손해배상금 이야기까지 나온다
밖에서는 가난하다고 따돌림당하고
안에서는 아이들에게 외식 한 번 먹여주지 못하는 서러움이
봇물 터지듯 흘러넘친다
집주인도 밉고 하늘도 밉고
무엇보다 살아있다는 것이 더 밉다.

이주촉진관리센터 2

이달 15일까지 합의를 보면
토지수용위원회의 평가금액에 5%를 더 얹어주겠다
크고 건장한 청년 둘이 찾아왔다
버티는 것이 돈 때문이 아니냐고
15일이 지나면 5% 혜택도 없으니
잘 생각하여 합의하라고 한다

내 집은 적어서 올라봐야 몇 푼도 되지 않아
잘못된 법률을 바꾸는 데 도움이 되려고 싸운다 했다
지금은 내가 이 법의 폐해를 보지만
이 법을 이대로 두면
곧 청년들이 피해를 본다
국군은 바라는 것 없이 목숨을 바치는데
나는 돈 몇 푼보다는 자긍심 있는 이 일을 하겠다.

이주촉진관리센터 3

이주촉진관리센터 과장이 동료와 같이 와서
지난번 이야기는 결정했느냐
젊은이를 위해 싸운다는 말씀은 바로 자기 앞날이라 고마운데
10억이 넘는 사람은 1억은 없어도 사는 데 어려움이 없지만
아버님같이 적은 보상금에는 몇백만 원도 부담스럽지요
중앙토지수용위원회 감정평가도
지토의 금액에서 3~5% 증액에서 그칠 것이고
중토 평가액이 내려오면 이사비도 없어지니
5% 더 주고 이사비도 줄 때 그만 합의 보라고 한다

얼마를 얹어 준다 해도 그 돈으로는 이사할 곳을
못 찾는다 했더니
자기가 알아봐주겠으니 어떤 조건을 찾느냐고 했다
내 형편이 낮에는 종이를 주워 용돈으로 쓰고
집사람은 집 앞 구역을 맡아 야쿠르트 판매를 하는데
이 보상금으로는 변두리에서도 꼭대기로 가야하니
나의 용돈도 집사람의 직장도 놓칠 일이라 꼼짝 못 한다 했다.

이주촉진관리센터 4

우리 집 담당 과장은
평소에는 철거 가옥에 나오는 종이를 알선해 주기도 하고
사무실을 지나가면 먼저 공손히 인사한다

내가 받을 보상금에 맞춘 집을 보러간다고
오늘은 손아래 동료를 데리고 왔다
말로 듣기보다 눈으로 보고 싶어 같이 가자고 했다

과장은 온천동에서 한참 가야 하는 명륜동과 서동에서
너덧 집을 보여 주었다
승용차가 두 대나 마당에 들어갈 집은 마음에 꼭 들었다
집사람은 집 설명도 듣지 않고 서동으로는 못 간다 했다

40여 년을 살아 정든 온천동을 떠날 수 없고
지하철 3개 노선의 역세권을 떠날 수 없고
새벽부터 배달하고 판매하는 온천동에서 멀어지면 안 된다
오늘 하루 매물로 내놓은 집 현장 확인과
책임 이사에게 얼마라도 더 주자고 졸라댔던 일에
고맙다고 내가 진심으로 말했던
이주촉진관리센터 과장의 수고는 거품이 되었다.

이주촉진관리센터 5

촉진센터 직원이 말했다.
비대위에서 우리를 깡패라 하는데
우리는 깡패가 아니라 회사 다니는 직원입니다
깡패가 아니라 철거민을 돕는 사람이라고 변명 좀 해 주세요

부드러운 말 속에 조합의 독소가 베어 있어도
촉진센터는 조합의 요구대로 해야 하는 용역회사이니
법으로 만든 먹이사슬에 대항하려면 관청뿐이다
재개발조합도 관청의 하수인일 뿐
민생을 어지럽히는 짓도 관청이 하는 짓이다

물불 가리지 않는 정의파가 있어
관청의 비호 아래 조폭이 난무하던 관행이 많이 고쳐졌다
수많은 나쁜 관행 하나 고쳐서는 효과가 없다
하나씩 고치려면 세월없고
뿌리를 뽑으려면 법률을 고쳐야 한다

이주촉진관리센터 6

비대위가 버스를 전세 내어 청와대로 가는 날
새벽 3시 반에 집결지에서 버스를 탔다
노인들이 시간 약속에 느슨한데
30분 기다릴 생각으로 정확한 시각에 도착한 나는
이미 자리에 앉은 노인들을 보고 놀랐다

버스 승강구에 회원이 아닌 청년들이 있었다
체격과 키가 조폭 같았으나
이 새벽에 공손한 모습에 관광버스 회사 직원인 줄 알았다

버스가 출발하자 아주머니들이 말했다
이주촉진센터 청년들이 너무 순진하다고
새벽에 잠 안 자고 무엇하러 왔느냐고 하니
대장이 시켜서요 라고
우리가 다 서울 가고 동네가 텅텅 비었으니
우리가 올 때까지 집 잘 봐라고 하니
알겠습니다
아주머니가 말했다
저렇게 순진한 청년이 흔하냐고
다 먹고살겠다는 직장에 매인 것을 미워할 수 없다고.

이주촉진관리센터 7

이주촉진센터 과장이 책임 이사를 모시고 왔다
이사할 날짜만 잡아주어도 명도 강제집행을
하지 않는다고 했다
예정일에 이사를 못 하면 준비 기간을 더 주겠다고 했다

명도소송 뒤에 강제철거를 할 것인데
아는 사이에 서로 곤란하니
이사 예정을 해 달라고 해서
철거집행 할 때는 다른 직원을 보내라고 했다
이사도 과장도 씁쓸히 웃기만 했다

대지 평수대로 아파트 평수를 준다는 말도
35평 아파를 주고 이익금을 별도로 준다는 말도
자기가 한 말을 지키지 않는 조합인데
용역회사가 한 약속을 들어주겠는가
믿을 수 있는 것은 조합이 양보하지 않는다는 것뿐.

이주촉진관리센터 8

촉진센터 과장이 와서
좋은 제안이 있을 것이니 사무실에 가자고 했다

책임 이사가 말했다
중앙토지수용위원회의 평가가 추석 뒤에 나온다는 소식에
평가금액이 지토보다 10% 높을 것이라는데
지토보다 10% 높은 금액에 몇백만 원을 더 주겠으니
협의를 하자

생각할 것도 없다
몇백 더 받아도 이사할 곳이 변두리 꼭대기밖에 없다
이왕에 물에 빠졌으니 적은 이익에 흔들릴 수 없다

책임 이사가 말했다
추석 뒤에 추가공탁금 지급 즉시 명도집행한다
시범 케이스를 보면 후회할 것이다
그때는 안면 이야기 하지 마라

나도 말했다
그때는 집달관에게 다른 사람을 붙여라

책임 이사가 말했다
우리 직원을 두고 별도로 비용을 들여 남을 쓸 수 없다
어르신도 이익이 되는 쪽으로 생각해 보아라.

이주촉진관리센터 9

중앙토지수용위원회의 평가서가 송달되는 중이다
나는 평가서를 기다리고 있는데
집 앞에서 촉진센터 과장을 만났다

이번에 합의 볼 거냐고 물었다
평가금액을 봐야 알겠다 했더니
끝까지 가실 겁니까 반문했다
그럴 생각이다 했더니
그 금액에서 한 푼도 더는 안 준다고 합니다
손해배상금하고 소송비용은
양ㅇㅇ에게 받으세요 하였다

촉진센터 직원들은
양 팀장뿐 아니라 일반 회원 신상도 알고 있다
조합에서는 촉진센터 직원을 성과급으로 다스려
용역회사 직원은 먹고살려니
마음과는 달리 날카로울 수밖에.

제5부
민 심

분노

다수를 위하여 소수가 희생한다는 당위성
지나간 일은 추억이 된다는 포용성
어느 것도 일어나지 말아야 한다

다수를 위하여 소수의 기득권을 빼앗는 것이 용인된다면
다수는 소수에게 바늘 하나 남김없이 빼앗아도 정당하다
지나간 일이 추억이 된다고 용인하면
가족을 갈라놓고 여자를 빼앗던
삼국지 전쟁터 이야기가 내게 일어나도 웃어야 한다

정의가 아닌 것은
과거에는 있었더라도 지금은 없어야 한다
다수결 전제 요건은
소수도 다수가 누리는 실현이익을 똑같이 받는 것이다
전사자를 생존자보다 우대하듯이
다수를 위해 희생한 소수를 우대하는 것이다
다수결 원칙을 소수가 묵묵히 당하는 것이라고 왜곡하지 마라
슬픈 일이 일어나도 참기만 하라고 조언하지 마라
부정한 일을 뿌리 뽑지 않으면
내일 너에게 나타날 것이다.

알박기로 내모는 여기자 왜 그랬을까

여기자: 현금청산 시 돈을 더 받으려고 알박기하는 겁니까
재개발 조합장: 그런 셈이지요
시청자: 세상에…
　돈 때문에 보이는 게 없어…
　나라 꼴이 말이 아니야…

주민 1: 방송사가 조사한 시가 1,200만 원 땅을 300만 원에 내놓으라 하네
주민 2: 재개발 고시 뒤 묶어놓은 공시지가가 똥값이니 당연하지
주민 3: 신축 아파트는 1,000만 원이라니 분양받을 수도 없어
주민 4: 분양 뒤에는 1,700만 원이라고 하지만 그 이자를 누가 감당해
주민 5: 피*를 붙여 팔라고 하는데 피가 200만 원도 안 돼
주민 6: 세 개 노선 역세권 평지라고 1,300만 원을 훌쩍 넘었잖아
주민 7: 이 지역에서는 산꼭대기도 800만 원이 넘어
주민 8: 피를 붙여도 이 지역에는 전세로도 못 들어가

개미들의 억울한 사정을 취재 전에 훤히 알았을 여기자
왜 그랬을까

개미들이 지역담당 형사 입회 아래 조합장 설득을 마치고
방송사에 정정 보도와 사과 보도 요청해도 방송사는
묵묵부답
왜 그랬을까

정의를 위해 찾아가 죽는다고 말만 하고 정의 구현을
꺼리는 언론
왜 그랬을까

내게 이익만 되면 부정에도 모순에도 무조건 눈감는 이웃
왜 그랬을까.

* 피: 아파트 분양권에 붙이는 정상 거래가를 초과한 금액.

언론 보도 1

언론이 재개발조합 반대 기사는 취급 안 한다
도정법이 워낙 필요한 법이고
무엇 무엇 때문이고
무엇 무엇 때문이고
무엇 무엇 때문이지만

언론이 입을 다무는 까닭은
법률 시행에 문제가 있어도
시민들은 알려고도 하지 않고
알아도 곧 잊을 것인데
그 문제를 고치려다가는 재벌의 눈에 날 것이고
재벌의 눈에 나면 돈줄이 막혀
언론재벌 자리를 내놓아야 하기 때문이다.

언론 보도 2

재개발 반대 시위는 입소문으로 퍼지는데
재개발이 시민들에게 직접 느낄 만한 이해관계가 없다
시민들도 입소문도 시큰둥하여
반대 운동하는 사람만 고생한다

어리석게 고생하는 여자
내가 들어본 적이 있었나 김 총무라던가
종전 지도부가 이중 활동을 시작하자
소용 없는 시위에
제가 무슨 잔 다르크나 된 듯이
넉넉잖은 생계도 팽개쳤다
어린 아들아,
학원 그만둬라
하늘 같은 신랑님,
생계보다 더 큰 일이 생겼습니다
호천망극 어머니,
아이를 부탁합니다

천날만날 밤낮도 모르고 설치더니
KNN부산방송에 인터뷰 방영을 얻어냈다
정권이 바뀌고 반대운동이 줄기차게 이어지니
부산일보에서도 인터뷰 기사를 얻어냈다
JTBC 중앙방송에서 집중취재까지 했다.

언론 보도 3

JTBC중앙방송 전국방영 본방송
조합과 철거회사의 부정만 파헤쳤다
조합장이 철거회사에 협박당하는 내용
한 가지 작업을 여러 명목으로 중복 청구하여
공사비를 올려 분양금을 상승시키는 내용
철거회사의 원조와 그 가지들
흐르는 세월에 개발되는 강제 철거 수법들
수많은 적폐 중 철거회사 하나만 파헤쳤다

부산에서 취재한 비대위 투쟁 내용 중 보도한 것은
부서진 건물 옥상 농성 시위자에게
이웃과 가족들이 전하려는
따뜻한 음식도 겨울밤을 지낼 방한복도 차단하고는
농성자가 위험하지 않으냐는 기자의 질문에
빵도 주고 커피도 주었다고 성의를 다했다며
그만하고 내려오라는 대답과
안전대책 후 철거하라고 했던 주민이
유독 가스, 유해 분진으로 피부병을 앓는 내용뿐
언어폭력 후유증으로 유산한 임산부나

철거 충격으로 죽은 사람들은 물론
온갖 사고가 있는데도 그 말들은 없었다

진짜 문제인 정책이나 법률문제는 숨겼다
진짜 원흉인 행정절차 무시나 불공정 집행은 숨겼다
진짜 중요한 헌법정신이나 입법정신 위반은 숨겼다.

제6부
철거민 군상

핑계는 생계 수단

욕심꾸러기라도 하늘이 낸 사람이라고
곱게 보라 합니다
머리 쳐든 독사라도 하늘이 만든 창조물이라고
사랑하라 합니다

흙도 돌도
제 앉을 자리만 겨우 차지하고 있다가도
어린싹에게 슬며시 틈을 내어줍니다
풀이 틈새를 비집고 나와 머리를 쳐들어도
흙도 돌도 나무나 풀을 탓하지 않습니다

먹고사는 데 어려움이 없는 나는
날마다 능력 밖의 새 창고를 지으려 합니다
내 욕심에 걸림돌이 되는 사람을
눈 아래로 보다가
나보다 힘 있는 맹수조차
발아래로 보다가
만든 것은 적
머무는 곳은 싸움터

무엇이 선과 악인지 듣고도
약육강식 생존경쟁만 믿는 것은
속이든지 쥐어박든지 싸움질 뿐
천당에는 가지 못하도록 꾸며졌나 봅니다.

바람 한 차례에 낙엽이 우수수

힘겹게 버티던 재개발 반대 비상대책위원회 동료들
벌레 먹은 사과처럼 하나씩 떨어지다가
개별 회유에 넘어져 동료 속이고 하나씩 떨어지다가
지방토지수용위원회 감정평가서를 받고
제풀에 우수수 떨어지고
평가액에 얼마를 더 준다고 우수수 떨어지고
요건도 갖추지 못한 불법 명도소송에
겁먹고 우수수 떨어지고
중앙토지수용위원회 감정평가서를 받고
그것이 투쟁 한계라고 우수수 떨어지고
빛이 보이지 않는 내일에
마지막 용기까지 소진하면
힘 빠지고 맥 빠져 우수수 떨어진다

낙엽 질 때마다
새로 창틀 뜯긴 집들이 울어대어
침침한 기운이 낮에도 마을을 휘덮는다.

군상 1

비꽃 이는 흙바람 출근길에
플래카드 들고 춤추던 사람이 하나씩 몰래 빠져나간다
몇 마디 중얼거리면서도 돈이 급해 주는 대로 받는 사람
이곳저곳 눈치 보다가 지레짐작으로 떠나는 사람
싸우다가 지쳐서 포기하는 사람

또 한 집에 이삿짐 차가 왔다
드문드문 남았던 사람들이 하나하나 줄어들어
가끔 쓰레기만 나오고
낮에도 밤에도 인기척이 없다가
어느 날 이삿짐 회사 트럭이 온다

호젓한 골목에 밤이 무서워
해 뜨면 조합의 협박에 심장이 쪼그라져
빈집이 또 생기고
서너 집 남았던 골목에 마지막 한 집
밤새워 생각하는 것은
이삿짐을 줄여도 갈 곳이 없구나.

군상 2

내 땅과 집을 합하여 평당 300만 원,
내 땅에 짓는다는 아파트는 평당 1,100만 원
42평 땅과 집을 주고
절반인 20평 아파트에 들어가더라도
받은 보상금만큼 빚을 얻어야 들어갈 수 있다
새로 얻을 빚돈 감당이 안 되면
새 아파트 대신 변두리 전세방을 찾아야 한다

부자들이 불고기를 먹다가 버리는 것을 보면서
보리밥으로 끼니를 때우며 평생 장만한 내 집
그 집을 부자들의 돈놀이로 뺏긴다
부자들의 발밑에 견딘 한생
남은 인생도 부자들의 발에 멍이 든다

보상액을 맞추어보다가
앞사람들이 싸우다 싸우다 내주었다는 이야기를 곱씹다가
갚아야할 병원비를 생각하다가
버텨 봐야 손해만 늘 것이라 피premium나 얻으려고
투덜거리는 입술을 앞세우고
분양신청서에 도장을 찍었다.

군상 3

먼 산 보듯 들었던 재개발 불덩이가
내 발에 떨어졌다
앞사람의 이야기를 귓등으로 들은 것을 후회하며
몇 날 며칠을 끙끙대다가
같이 가슴을 치는 앞뒷집 사람 틈에 끼었다

비상대책위원회에 가보기도 하고
재개발조합의 감언이설을 듣기도 하고
보상액이 너무 낮으니 비상대책위원회에 가입하였다
싸우고 싸워도 끝이 없는데
비대위 위원장이 바뀌었다
전임 위원장이 왜 바뀌었는지 모르지만
새 위원장은 살신성인할 것 같아 꿈을 키워보았다

요란한 몸 투쟁보다 조용한 법 투쟁을 한다는 위원장과
법 투쟁으로 관리처분까지 내어주었다는 행동파가 싸우는
동안 어느 쪽도 믿을 수 없어
중립적일 것 같은 관청의 충고를 따르기로 하고
토지수용위원회의 감정가격보다 조금 더 받고 조합과
합의를 마쳤다.

군상 4

우는 아이에게 젖 준다
법대로 하다가 하는 것마다 놓쳤다
서류 투쟁파에서 행동파로 옮겨
어디로든 시위하러 나가자고 설쳤다

시위 구호가 보상보다 정치로 돌아선다고 불평하다가
행동파들이 사법투쟁방침을 숨긴다고 불평했다
행동파 리더는 투쟁전략을 감추었고
안달 난 회원은 뚜렷한 비전도 보이지 않는 법정 투쟁은
변호사와 행동파 리더가 소송비용에만 욕심이 있다고
의심했다

행동파의 권고에 따른 지방토지수용위원회의
감정평가 거부로
재평가에서 한 푼도 인상되지 않았다고 악을 쓰면서
더 싸워 봐야 리더들 뒷거래만 도울 것이라고
손해도 이 정도로 그쳐야 한다고
재개발조합에 손들고 떠났다.

군상 5

흰 치마저고리가 없어
아저씨의 흰 두루마기를 입고 시위에 나오던 사모님
시위 장소에 가는 길을 몰라
이웃 사람 따라 다니더니
어느 날부터 시위에 빠지기 시작했다

옛날처럼 사람을 강제로 끌어내지도 못할 뿐 아니라
보상액이 너무 적어 이사할 곳이 없는 처지를 아는 대법원이
공탁금을 걸었더라도 철거민이 이사하지 못하기에
정당방위로 판결했다는 설명에도
용기를 갖기보다는 법원 집달관이 사람이고 물건이고
길바닥에 끌어낸다는 말이 두려웠다

아저씨도 지병이 있지만 끝까지 싸울 생각이라 했는데
건강한 줄 알았던 사모님이
재개발조합이 보낸 강제철거 공갈로
밤에 잠도 못 자고 걱정하던 사모님이
시름시름 병이 들었단다
아저씨는 소방도로를 낀 세탁소를 내주고
가게를 내지도 못할 이면도로의 좁은 집으로 이사했다.

군상 6

앞집 옆집에 공가 표시 붉은 글씨가 늘어나고
빈 골목에 쓰레기 수거조차 하지 않는데
아직도 남은 사람은
얼마라도 더 받을 것이라는 과대망상에 빠진 사람인가
손해를 보아도 옳은 일을 해야 한다고 믿는 미친 사람인가

한 골목에 한 집, 두세 골목에 한 집
공포심을 주려고 주인 몰래 행패를 부린다는 말에
한 집에 여러 개의 CCTV를 붙여놓고
웃자란 풀에서 나온 모기에게 뜯기면서도
또 헛꿈을 꾸는 하룻밤을 보낸다.

군상 7

막바지에 이른 투쟁
투쟁 리더가 조합과 야합하면
얼마 남지 않은 신념파들은 어디로 갈까
투쟁 방향도 모르고
투쟁 방법도 모르고
눈 감고 달리는 꼴이구나

평가 금액 외에
단돈 몇 푼이라도 더 준다는 말을 뿌리쳤다가
공탁한 금액의 1/3을 잃는다면
내 가족은 나는 어디로 가는 것일까
불법이란 불법 다 동원하는 재개발 조합이
마지막 야비한 수단을 펼칠 시기를 노리는데
마지막 카드, 투쟁 리더를 매수할 때를 기다린다는 소문에
대장을 잃고 나면 싸움은 진 것
삼국지 이야기가 머리를 떠나지 않는다.

군상 8

뒷골목에 빈집이 하나 생겼다
잇달아 빈집이 늘고 가로등을 끈 곳도 있다
곧 쫓겨가야 하는 걱정에
동네가 얼마나 비었나 매일 돌아보다가
이웃 사람들의 집 구조가 궁금하여 빈집 문틈으로 보다가
대문에 던져놓은 미개봉 물건들을 집어든다
포장을 뜯지 않은 동화책도 치약 칫솔도 불쌍하다

되는 집 아이는 집에 들어올 때
땔감 나뭇가지 하나라도, 담 속에 넣을 돌 하나라도
들고 온다는 할아버지 말씀을 되새기고
이사 간 집 세어보며 버려진 물건을 주웠다
저녁이면 내놓는 물건에 부엌 가구가 쏟아져 나오고
소장했던 귀한 책이 나오는 날에는
돈과 바꿀 재산이 늘었다는 기쁨보다
투쟁 동료 하나가 줄었다는 것과
마을이 죽어간다는 일로 섭섭함이 앞섰다.

군상 9

서울 용산에는 용산 사태
부산 온천동에는 독신자 사건

옮겨갈 곳 막막하던 박 노인
단칸방에서 기초연금으로 혼자 살다가
살 만큼 살며 고생도 할 만큼 했으니
고생은 이제 그만
이 세상에 슬퍼할 사람도 없으니
고독도 이제 그만

저승에 자리 잡은 아내여
그대 곁에 가노라.

군상 10

몇 년 전에 자살한 박 노인에게
며칠 전에 또 한 사람 따라갔다는데
어떻게 갔을까
물어볼 기분이 아니다

오늘도 빈집이 생겼는데
얼마나 받았을까
소문도 없다

어제 낮에도 쓴웃음 짓던 창틀이 떨어져 나가고
박 노인 따라간 유령이 박 노인과 시시덕거리고
얼마인지 보이지 않는 합의금 문서가
구석으로 날려다니다가 천장에 붙었다

군상 11

조합과 싸울 때는 형제 같던 비대위 동료
앞장서서 과격하게 시범을 보이던 동료
조합과의 마지막 타협안을 물어보면 얼버무리다가
떠날 때는 원수 피하듯 슬그머니 떠난다
조합과의 계약 의리가 비대위 동료 의리보다 컸던 것이다

합의 내용이 누설되면
당신에게 준 특혜를 다른 사람에게도 주어야 하니
누설하면 고소하겠다는 조합과의 계약?
비대위 동료를 다시 만나지는 못할 거라는 생각?

어깨동무하고 끝까지 같이 가자던
이웃과의 약속은 지켜야할 의리가 아니었나
떠나기 전까지 전략을 짜주고 전투를 지휘하고
사무실까지 쓰게한 동료에게는 지킬 의리가 없나
떠날 때까지 도와준 보답은 할 필요가 없나?

군상 12

좁은 땅에 살던 사람은 분양권과 똥값인 보상금을 받고
분양권을 바로 넘겨도 분양권 프리미엄이 커서
땅값의 시세보다 수익금이 많았다
관망하다가 프리미엄이 네 배나 올랐을 때 넘긴 사람
더 관망하다가 정부 시책이 바뀌어 프리미엄이 떨어지니
최저점을 몰라 안절부절못하는 사람
선물거래 시장처럼 이마에 주름이 는다

아파트 한 채의 프리미엄은 일정하고
넓은 땅이나 좁은 땅이나 아파트 한 채를 받으면
땅값이 똥값이어서
땅이 넓을수록 프리미엄 효과는 줄어드니
땅이 넓을수록 손해가 커진다

하나의 재개발 사업장에도
사건마다의 손익분기점은 너무 다르다
원주민의 이해 양상이 다르니
원주민의 결속도 허물어진다

경계 밖 하소연 1

대단지 아파트가 담을 쌓고 나면
5분이면 가던 곳을
30분이나 에둘러 가야 한다
경계 밖 사람들은 외계인처럼
새 아파트 그늘에 햇빛을 뺏겨도
건축법상 일조권은 살렸다는 말에 속앓이뿐
한마디 항의도 못 한다

대단지 아파트야 상권을 빼앗지 마라
내 집 앞에 있던 버스길을 없애지 마라
울림 없는 메아리.

경계 밖 하소연 2

재개발조합이 법정시한 안에 사업을 마치지 않는다
사업이 마무리되는 순간 조합은 없어지고
조합장도 조합임원도 월급 받을 곳이 없다
그들의 월급이 조합원의 주머니에서 나오는데
조합원은 사업진행에 참여하지 않기 때문에
조합이 어떤 기회를 저버리는지도 모른다
조합이 사업을 늦추어도 아무 대응도 못 하고
주머니에서 돈을 꺼내 월급을 대줄 뿐이다

따뜻한 사무실에서 빵빵한 월급을 타는 곳을
오래오래 유지하고 싶은 조합장
그래서 관청이 뒤를 봐주어도 일을 하지 않는 것은
모든 것을 맡긴 조합원 책임

사업지연 때문에 생기는 손해를
비대위 회원이 입을 수는 없다
사업이 지연되었으면
사업연도를 고쳐서 이주할 수 있게 보상을 하여라.

도정법盜政法
이석락 열 번째 시집

인쇄일: 2017년 12월 15일
발행일: 2017년 12월 22일

지은이: 이석락
펴낸이: 최경식
펴낸곳: 도서출판 청옥문학사
인쇄처: 세종문화사

등록번호 제10-11-05호
전화: 051-517-6068
E-mail: sik@hanmail.net

ISBN 978-89-97805-68-6 03810

값 10,000원

이 도서의 국립중앙도서관 출판예정도서목록(cip)은 서지정보유통지원시스템 홈페이지 (http://seoji.nl.go.kr)와 국가자료공동목록시스템(http://www.nl.go.kr/kolisnet)에서 이용하실 수 있습니다.(cip2017034951)

* 이번 작품을 창작하는 데에는 한국예술인복지재단이 창작 준비금 지원을 통해서 도움을 주셨습니다.